U0900936

关注 发现

小红书

内容创作、运营与带货从小白到高手

叶飞◎编著

首页 商城 + 消息 我

化学工业出版社
·北京·

内 容 简 介

本书是小红书运营的必备指南，具体内容包括运营入门、店铺运营、图片设计、标题方案、种草文案、种草视频、直播带货、干货教程、好物分享。通过小红书平台创造财富，向潜在用户提供他们想了解的信息，给出充分的理由，让用户心甘情愿成为你的粉丝或者产品实际的购买者。

120 个纯高手干货技巧，从运营入门到爆款打造，从引流涨粉到直播带货，帮助读者快速玩转小红书的创作、运营与带货。

本书适合的读者有小红书运营人员、小红书博主、入驻企业和商家、品牌广告主以及相关机构，同时还适合想要进驻小红书的创业者、自媒体运营者、短视频和直播带货达人等，也可作为从事其他新媒体平台运营人员学习或相关专业的教材，帮助大家更加顺利地在小红书平台深耕内容、运营社区、打通电商、进军短视频等领域，和小红书一起成长。

图书在版编目（CIP）数据

小红书内容创作、运营与带货从小白到高手 / 叶飞编著 .—北京：化学工业出版社，2021.10（2022.3 重印）

ISBN 978-7-122-39798-0

Ⅰ . ①小… Ⅱ . ①叶… Ⅲ . ①电子商务–运营管理 Ⅳ . ① F713.365.1

中国版本图书馆 CIP 数据核字 (2021) 第 169334 号

责任编辑：李　辰　孙　炜　　　　封面设计：王晓宇
责任校对：边　涛　　　　　　　　装帧设计：盟诺文化

出版发行：化学工业出版社（北京市东城区青年湖南街 13 号　邮政编码 100011）
印　　装：天津图文方嘉印刷有限公司
710mm × 1000mm　1/16　印张 $13^{1}/_{4}$　字数 300 千字　2022 年 3 月北京第 1 版第 2 次印刷

购书咨询：010–64518888　　售后服务：010–64518899
网　　址：http：//www.cip.com.cn
凡购买本书，如有缺损质量问题，本社销售中心负责调换。

定　　价：78.00 元

前言

小红书的数据分析平台千瓜数据显示，如今小红书平台月活用户超过1亿，2020年笔记发布量近3亿，每天产生超过100亿次的数据曝光。作为一个社区分享式的线上购物平台，小红书凭借其真实化、多元化的社区氛围和超过3000万的网红KOC，在如今层出不穷的线上电商平台中杀出重围，并以其独树一帜的“社区种草”“社区购物”“社区反馈”线上交易闭环吸引了大量用户和商家入驻。

小红书作为一个人人都能分享生活方式的平台和帮助用户“种草”商品的决策入口，不管是想进行产品及品牌宣传的商家，还是想运营好小红书账号成为一名KOC，甚至头部KOL的个人用户，都能在小红书社区找到出路。

商家想要入驻小红书，个人用户想要吸粉涨粉，实现流量变现，那么平台运营、内容打造及带货技巧都是需要大家牢牢掌握、不可或缺的内容。针对这一情况，本书从这3个方面给大家介绍了诸多有用的技巧。本书内容全面，结构清晰，语言简洁。对于本书的内容，下面用一张图展示给大家，供大家参考。

笔者认为，学习知识时要有一个清晰的结构和丰富的实例，不然只会造成读者一头雾水的尴尬场面。学习关于小红书方面的知识，一定要对小红书平台有清晰的了解，然后才是实用性的技巧教授。

本书的内容由浅入深，详细为读者介绍了小红书的方方面面，从企业入驻到直播带货，从内容运营到流量变现，不管是商家还是个人运营者，都能在本书中找到需要的、实用的内容。

最后希望大家能够将书中的知识全部学会、学透，化为己有，这样在你踏入小红书平台时，就会更加得心应手，平台运营、创意内容和带货也就不在话下了。

特别提示：本书在编写时，是基于当前小红书社区截的实际操作图片，但图书从编辑到出版需要一段时间，在这段时间里，软件界面与功能会有调整与变化，如有的内容删除了，有的内容增加了，这是软件开发商做的软件更新，请在阅读时根据书中的思路举一反三。

本书由叶飞编著，参与编写的人员还有戴朝阳等人，在此表示感谢。由于作者知识水平有限，书中难免有错误和疏漏之处，恳请广大读者批评、指正，联系微信：2633228153。

目录

平台运营篇

第 1 章 运营入门：年轻人热爱的生活分享平台 …………………… 2

1.1 平台优势：为什么选择小红书 …………………… 3

1.1.1 人群：具有强大社交驱动力的年轻人 …………………… 3

1.1.2 场景：分享生活方式，直击消费决策 …………………… 4

1.1.3 内容：美好、真实、多元的社区氛围 …………………… 6

1.1.4 效果：真实口碑成就年轻人热爱的品牌 …………………… 8

1.2 商业运作：小红书的业务合作方式 …………………… 9

1.2.1 企业号：实现流量高效转化 …………………… 10

1.2.2 推广合作：申请广告投放 …………………… 12

1.2.3 品牌合作人：小红书蒲公英 …………………… 14

1.2.4 商家入驻：顺利加入小红书 …………………… 15

1.3 运营思维：运营小红书的经验与思考 …………………… 17

1.3.1 运营理念：找到定位 + 持续曝光 …………………… 18

1.3.2 了解平台：平台调性 + 推荐规则 …………………… 20

1.3.3 提升自我：基础技能 + 互动涨粉 …………………… 23

第 2 章 店铺运营：从零开始晋级为小红书大 V …………………… 25

2.1 商品管理：小红书精细化运营方法 …………………… 26

2.1.1 商品发布的规则 …………………… 26

2.1.2 创建与变更商品 …………………… 28

2.1.3 创建店铺品牌页 …………………… 31

2.1.4 商品库存管理 …………………… 33

2.2 店铺管理：90% 以上问题都在这了 …………………… 34

2.2.1 销售数据分析 …………………… 34

2.2.2 店铺分的提升 …………………………35
2.2.3 店铺的装修设计 …………………………37
2.2.4 物流发货管理 …………………………38
2.2.5 财务账单管理 …………………………40
2.2.6 店铺客服管理 …………………………41
2.2.7 售后订单管理 …………………………42
2.3 营销推广：小红书推广实战经验分析…………………………44
2.3.1 优质笔记绑定商品 …………………………44
2.3.2 好物推荐推广计划 …………………………45
2.3.3 营销活动获取流量 …………………………47

创意内容篇

第 3 章 图片设计：高颜值美照吸引用户的关注 …………………………50
3.1 图片拍摄：超美小红书打卡照拍摄技巧…………………………51
3.1.1 光线：最考验人的就是采光问题 …………………………51
3.1.2 构图：用前景增加画面的层次感 …………………………52
3.1.3 角度：拍美照这些角度你要学会 …………………………53
3.1.4 动作："适合和真实感"最重要…………………………54
3.1.5 穿着：根据风格和色彩进行搭配 …………………………55
3.1.6 道具：让人物更自然更有镜头感 …………………………57
3.2 封面设计：让你的封面颜值"爆表"…………………………58
3.2.1 封面图的 5 种表现形式 …………………………58
3.2.2 掌握黄油相机的 8 大功能 …………………………61
3.2.3 手把手教你做一张封面图 …………………………63
3.2.4 如何打造笔记内容图片 …………………………64
3.3 图片设计：涨粉引流离不开好看的图片…………………………64
3.3.1 3 个软件轻松做出漂亮图片 …………………………64
3.3.2 多图背景下首图是最重要的 …………………………66

3.3.3 个性化的内容更容易被记住 …… 66
3.3.4 融入小红书内图片流行元素 …… 67
3.3.5 制作个人介绍图片吸引粉丝 …… 68
3.3.6 注意小红书用图的一些雷区 …… 69

第 4 章 标题文案：直接套用提升 100% 打开率 …… 70

4.1 标题策划：小红书的标题文案如何写 …… 71
4.1.1 笔记的标题重点在前 10 个字 …… 71
4.1.2 标题中必须包含关键字 …… 72
4.1.3 加入语气符号和语气助词 …… 73
4.2 爆款标题：顶尖带货博主达人都在用 …… 74
4.2.1 颠覆认知型：让用户不可思议 …… 74
4.2.2 热点借势型：自带流量轻松吸睛 …… 75
4.2.3 一本正经型：形式正规更加权威 …… 76
4.2.4 经验分享型：分享经验传授知识 …… 77
4.2.5 疑问型：自问自答为用户解惑 …… 78
4.2.6 对比凸显型：凸显出产品特色 …… 79
4.2.7 论述观点型：阐述观点说服用户 …… 79
4.2.8 统计冲击型：为用户带来视觉冲击 …… 81
4.2.9 扣住“十大”型：提高笔记影响力 …… 82
4.2.10 网络词汇型：与时俱进妙趣横生 …… 83

第 5 章 种草文案：月销百万元带货文案创作技巧 …… 84

5.1 种草本质：只为更精准俘获人心 …… 85
5.1.1 圈层种草：不尝试讨好所有人 …… 85
5.1.2 说人话：建立信任促进成交 …… 86
5.1.3 产品价格：不是卖更便宜的产品 …… 88
5.1.4 直击痛点：让用户对你记忆深刻 …… 89
5.1.5 内容“有料”：吸引用户注意 …… 90
5.1.6 善用比较：制造新的消费需求 …… 91
5.2 种草攻略：让产品深入人心 …… 91

5.2.1 精准区分：确定自己的种草对象 ……92
5.2.2 情绪共振：与用户产生情感共鸣 ……92
5.2.3 打造卖点：更好地卖出产品 ……93
5.2.4 产品故事：用讲故事的方法种草产品 ……94
5.2.5 转移视线：让用户关注自己而不是产品 ……95
5.2.6 制造冲突：戳中用户爽点 ……96
5.2.7 购买理由：用户为什么买你的产品 ……97
5.3 种草话术：牢牢抓住用户的心 ……97
5.3.1 因果逻辑：养成良好的思维惯性 ……98
5.3.2 现身说法：用用户的反馈让用户信服 ……98
5.3.3 学会自黑：让你的种草文案更接地气 ……99
5.3.4 做加减法：让你的种草文案更加灵动 ……99
5.3.5 种草句式：让你的种草文案事半功倍 ……100
5.3.6 使用对比：提高产品的销量 ……101

带货技巧篇

第6章 种草视频：让你的短视频内容脱颖而出 ……104
6.1 视频拍摄：拍出能卖货的短视频 ……105
6.1.1 拍摄工具：好工具带来事半功倍的效果 ……105
6.1.2 视频画面：尽量拍摄出清晰的画面 ……106
6.1.3 构图选择：让视频画面更加和谐生动 ……108
6.1.4 镜头选择：使你的拍摄如虎添翼 ……113
6.1.5 镜头角度：让你的视频内容更加丰富 ……114
6.1.6 运镜技巧：小红书视频的多种玩法 ……114
6.2 视频处理：让小红书视频更有吸引力 ……118
6.2.1 视频剪辑：手把手教会你做影视后期 ……118
6.2.2 转场效果：瞬间让短视频变成技术流 ……120
6.2.3 视频调色：让你的视频画面更加多彩 ……125

6.2.4 添加字幕：让你的视频更加专业有范 …… 132
6.2.5 添加音乐：普通人也能剪出视频大片 …… 137
6.3 视频种草：视频是最好的营销利器 …… 140
6.3.1 选品秘诀：打造爆款种草视频 …… 140
6.3.2 产品视频：突出特性和核心卖点 …… 141

第 7 章 直播带货：打造出从种草到购买的闭环 …… 143

7.1 直播技巧：新手快速做起来的绝招 …… 144
7.1.1 直播准备：搭建专业带货直播间 …… 144
7.1.2 开通直播：有效实现与粉丝互动 …… 148
7.1.3 直播运营：打造百万月销直播间 …… 149
7.1.4 直播管理：让直播更加轻松便捷 …… 151
7.1.5 直播脚本：稳定每日数万人观看 …… 153
7.2 带货话术：增加小红书粉丝下单积极性 …… 155
7.2.1 语言能力：打造直播带货口才 …… 155
7.2.2 话术模板：快速卖出直播间产品 …… 157
7.2.3 营造氛围：活跃直播间不尬场 …… 159
7.3 销售技巧：快速促活提升销量 …… 161
7.3.1 销售心得：如何在直播间卖货 …… 161
7.3.2 带货技巧：促进流量转化 …… 163
7.3.3 促单技巧：促使观众下单购买 …… 164

第 8 章 干货教程：为用户带来更多的实用价值 …… 165

8.1 内容运营：提升干货教程的创作质量 …… 166
8.1.1 精准用户定位 …… 166
8.1.2 做好选题策划 …… 168
8.1.3 引导用户操作 …… 171
8.1.4 设计激励机制 …… 172
8.1.5 优质内容引导 …… 173
8.1.6 构建 KOL 矩阵 …… 174
8.2 创作题材：常见的 5 种笔记内容类型 …… 175

8.2.1 干货型内容 …… 175
8.2.2 测评型内容 …… 176
8.2.3 数量型内容 …… 177
8.2.4 系统型内容 …… 178
8.3 创作技巧：写出小红书爆款热门笔记 …… 178
8.3.1 内容的核心，在于有没有价值 …… 179
8.3.2 传递干货的内容图片更受欢迎 …… 181
8.3.3 正文要分段，让用户读起来更轻松 …… 182
8.3.4 内容一定要具备干货性和学习性 …… 184
8.3.5 全渠道联动引流高效链接消费者 …… 184

第 9 章 好物分享：通过爆款内容把好物卖出去 …… 186

9.1 分享路径：铺量→种草转化→品牌曝光 …… 187
9.1.1 海量素人：快速打入消费者内部 …… 187
9.1.2 腰部达人：质量更高粉丝更多 …… 188
9.1.3 头部达人：快速打响品牌的名气 …… 190
9.2 内容运营：开辟一片全新的流量蓝海 …… 192
9.2.1 好物推荐：做用户超爱看的内容 …… 192
9.2.2 内容策划：产品定位与 IP 的匹配 …… 195
9.2.3 内容运营：专家种草与定向销售 …… 196
9.2.4 品牌推广：联动霸屏与 KOL 推荐 …… 198
9.2.5 注意事项：有两大原则需注意 …… 201
9.2.6 避免误区：操作误区该怎么解决 …… 202

平台运营篇

第 1 章

运营入门：年轻人热爱的生活分享平台

学前提示

随着互联网的发展，依附于大数据与网络流量的线上交易平台呈现出井喷式增长的趋势。虽然电商平台层出不穷，但能在这种浪潮中留存下来的却很少。小红书是近年来发展最为迅速的电商平台之一，抓住小红书给予的机会，就是抓住了我们的明天。

要点展示

※ 平台优势：为什么选择小红书

※ 商业运作：小红书的业务合作方式

※ 运营思维：运营小红书的经验和思考

1.1 平台优势：为什么选择小红书

据小红书最新数据显示，小红书的月活用户数量已超 1 亿，2020 年笔记发布量近 3 亿，每天产生超过 100 亿次的笔记曝光，通过超 3000 万的 KOC，小红书实现了品牌与消费者的实时沟通与反馈。

为什么要选择小红书？其大量的用户和超强的曝光都是我们选择小红书的推动力。此外，还可以从人群、场景、内容、效果这 4 个方面来分析选择小红书的原因，剖析平台优势，深刻了解小红书。

★ 专家提醒 ★

KOC 是 Key Opinion Consumer 的缩写，直译为“关键意见消费者”，与之对应的是 KOL，即 Key Opinion Leader（关键意见领袖）。一般来说，KOC 能够影响自己的朋友、粉丝，并让他们产生购买行为，与 KOL 相比，KOC 的影响力较小，但是胜在便宜、人多，多人共同“种草”形成的影响力同样不可小觑。

1.1.1 人群：具有强大社交驱动力的年轻人

小红书是国内较早经营社区的电商平台之一，它以社区起家，又以社区作为吸睛点。用户在小红书平台自发分享购物体验，并以独特的笔记形式展现出来，对其他用户的购物更加具备参考意义，能够有效激发用户的购买欲。

小红书数据分析平台千瓜数据显示，小红书的主要用户是具有强大社交驱动力的年轻人，其中以“90 后”与“95 后”为主，如图 1-1 所示。

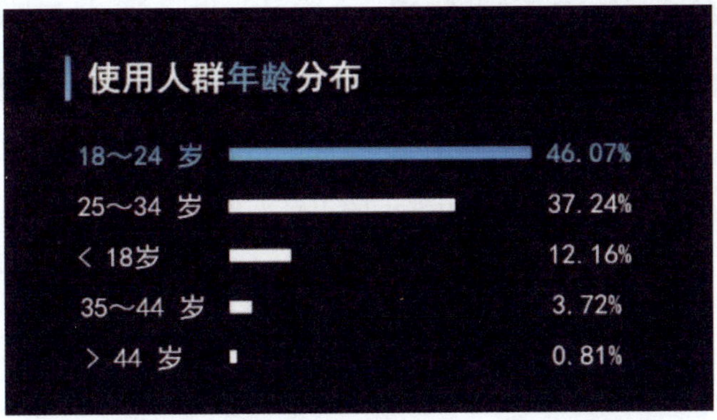

图1-1　小红书的使用人群年龄分布（数据源于千瓜数据）

数据显示，在小红书的活跃用户中，18 ～ 24 岁的“95 后”用户占比为

46.07%，几乎占据了小红书活跃用户的半壁江山。而34岁以下，作为网购主力军的青壮年用户占比则高达83.31%。毫不夸张地说，小红书就是一个专属于年轻人的购物分享社区平台。

此外，在小红书的活跃用户画像中还有两个值得注意的点。一是截至2021年第一季度，小红书的女性活跃用户占比高达90.41%，男性用户占比不到10%；二是小红书用户多为北、上、广等一线发达地区的人士。

一般来说，34岁以下位于发达地区的女性用户的消费欲望会更加强烈，敢于尝试新鲜事物，追求高品质的生活，同时也愿意与其他普通用户分享自己的购物心得与体验，并从笔记的“点赞”中获得成就感。

此外，这部分用户更容易成为KOC影响他人，也更容易受到其他KOL和KOC的影响产生冲动消费。

图1-2所示为千瓜数据显示的小红书活跃用户画像中的人群关注焦点占比。可以很直观地看到，在购物中美妆、护肤、穿搭这种受年轻人，尤其是年轻女性喜爱的关注焦点和人群标签有不俗的占比。

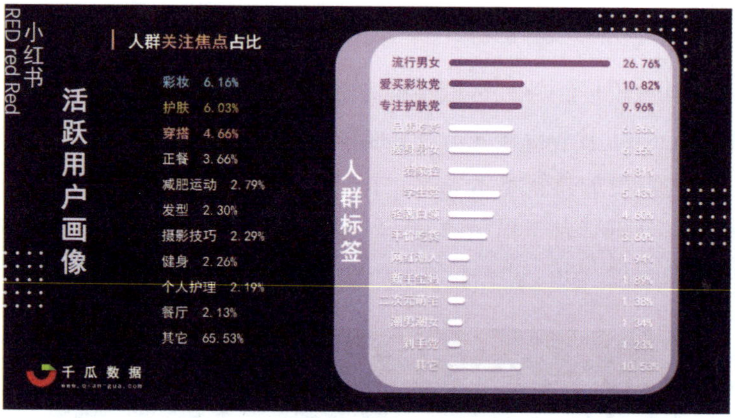

图1-2　小红书的人群关注焦点占比

以购物欲望强烈、社交驱动力强大的年轻人作为用户主体，是选择小红书的一个重要原因，通过账号运营成为KOL或者KOC，更加直观地影响其他用户，实现产品的有效变现。

1.1.2　场景：分享生活方式，直击消费决策

小红书专注于社区运营，让每一位用户都能在社区中分享生活，包括但不限于购物心得体会、化妆技巧、修图教程、作品展示及OOTD（Outfit of the Day，

今日穿搭）。在小红书平台，用户可以自由创建、分享内容，还可以“保存”喜欢的内容，“关注”喜欢的博主，“分享”帖子至微博、微信等外部平台。

可以说，小红书如今俨然已经是一个集种草、购物、分享于一体的在线互动式电商平台，极大地增加了用户对品牌的信任度。

图 1-3 所示为小红书的主页面，不少用户在小红书平台和网友分享日常生活、种草产品。

图1-3　**小红书主页面**

此外，小红书还使用推荐算法机制，根据用户的搜索浏览历史和兴趣爱好来创建自定义主页，针对用户喜好推荐其感兴趣的内容，从而直击用户痛点，影响用户的消费决策。

★ 专 家 提 醒 ★

痛点是指用户某种需求没有得到满足，或者是对于产品的某种期望没有实现而产生的一种心理落差，这种心理落差积累在用户心中，最终形成负面情绪，从而让用户感到痛苦。

小红书构建出一个品牌与用户、用户与用户、品牌与品牌之间可以实现即时交流的在线互动平台，大大增加了用户黏性。

此外，小红书为品牌方提供全面的物流服务、完善的客户服务和更大的曝光度，大品牌能从中扩展新的客户，小品牌则能从中寻求新的机遇。小红书还为用

户提供了一个更加自由、快捷的在线社区购物平台，

与天猫、淘宝这类传统电商不同的是，小红书实时分享式的内容驱动模式和场景构建模式更能吸引注重产品真实效用的消费者，还从中诞生了许多带货明星、KOL 和 KOC，直接影响用户是否决定下单购买产品。

1.1.3 内容：美好、真实、多元的社区氛围

小红书作为一个社区式的购物平台，十分专注营造一个美好、真实、多元的社区氛围，旨在增加用户之间的信任度，以及对于发布内容的诚实共享。

用户甚至可以将小红书平台作为一个社交媒体，分享生活或者种草好物，还可以在自己喜欢的内容下面点赞、评论，这种真实且美好的社区氛围能够深深地感染每一位用户。

图 1-4 所示为小红书的评价页面，可以看到有博主积极与粉丝互动，从而实现吸粉、固粉的目的。

图1-4　小红书的评价页面

博主与粉丝积极互动，为用户构建出一种和谐、美好的社区氛围，每个人都能成为博主，在小红书平台分享自己的生活感悟或者购物心得等内容，打造出一个多元化的社区。

此外，小红书在内容生产方面还坚持精细化的生产方式，这种内容生产方式可以从内容来源、内容加工和内容组织这 3 个方面来讲。

内容来源上，小红书采用 UGC（User Generated Content，用户原创内容）、PGC（Professional Generated Content，专业生产内容）和 PUGC（Professional User Generated Content，专业用户生产内容）相结合的方式，保证平台内容的高质量。

图 1-5 所示分别为小红书中 UGC、PGC 和 PUGC 的内容。

图1-5　小红书中UGC、PGC、PUGC的内容

内容加工方面，小红书会对用户发布的原创内容进行细致分类，并通过不同标签精准推送至对其感兴趣的用户。小红书平台的官方还会收录优质的原创内容，并对其进行二次加工处理，给用户带来更好的 App 使用体验，如图 1-6 所示。

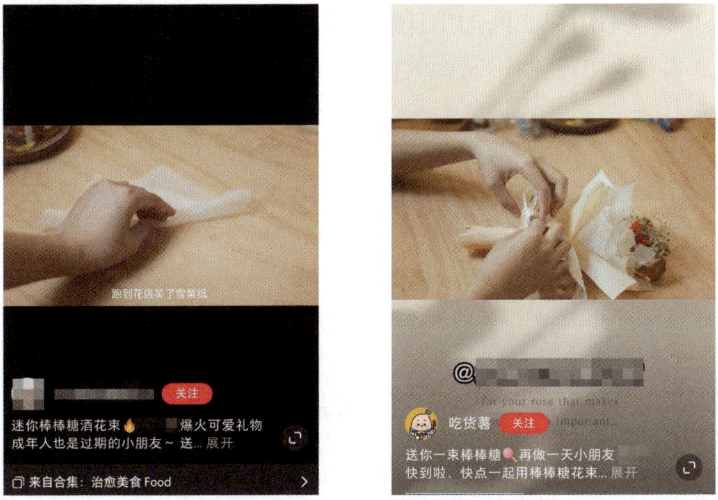

图1-6　小红书官方账号“吃货薯”的二次加工

内容组织方面，小红书主要采用专题策划的形式，为用户精准推送他们感兴趣的内容，从而使得每一位用户都能看到自己喜欢的笔记。图 1-7 所示为小红书的内容专题。

图1-7　小红书的内容专题

为了保持社区内容的高质量，小红书会对用户发布的内容进行严格审核，不允许用户辱骂他人、发布违规信息，做广告的品牌和用户也需要严格遵守《广告法》，禁止使用“最好”“NO.1”“第一”“全网最佳”等夸大性质的描述语言。

通过实施一系列的措施，小红书进一步强调了其平台发布内容的“真实性”，并大大增强了小红书用户之间的信任度。此外，小红书专注于为用户推荐他们感兴趣的话题，并整理出他们不需要的内容，从而使得用户拥有更好的使用体验。

★ 专 家 提 醒 ★

需要注意的是，小红书集分享与购物于一体，推出了“小红书商城”电子商务平台，用户可以在看过博主的安利和他人的评论后直接购买产品，这种商务模式形成了一个“商家—KOC—普通用户”的交易循环，用户购买产品后的真实反馈会直接影响其他用户，对商家产生或好或坏的影响。

1.1.4　效果：真实口碑成就年轻人热爱的品牌

小红书的内容展现与分享模式使得 KOL/KOC 在平台上面格外活跃，他们大多在小红书平台分享自己的真实购物体验与生活感悟，并以此吸引了大批粉丝。

KOL/KOC 可以与品牌方合作，向粉丝推销产品，提高品牌知名度与影响力。

另外，小红书特别重视真实和用户之间的信任与诚信，因此，小红书通过这种真实的口碑营销，成为年轻人十分热爱的 App。

图 1-8 所示为小红书平台上的 KOL 与粉丝分享自己真实的产品使用体验，并向他们推销产品。

图1-8　小红书的博主分享真实体验

实际上，在如今的互联网环境中，用户“晒”自己日常生活的社区平台并不少见，小红书能从电商平台与社区平台中脱颖而出，靠的就是注重自身口碑。用户“看”“买”“用”“晒”，四位一体，加上严格的内容管控，以及内容的标签化，这些举措使得小红书平台井然有序，可以为用户带来良好的使用体验，也为小红书带来了更好的口碑，赢得了众多新老用户的喜爱。

在如今互联网的大环境下，并不是我们选择了小红书或者是小红书选择了我们，这是双方的一个互相选择，从而达到双赢的目的。

1.2 商业运作：小红书的业务合作方式

小红书创立于 2013 年，经过近 8 年的发展，小红书已经由以前为国内用户介绍海外好物的平台，演变成一个网罗世界各地风俗好物，用户自发分享日常生活的社区。小红书的 Slogan（标语）也由“国外的好东西”变成了今天的“标记我的生活”，从一个小小的空间拓展成为一个汇集各种精彩的大世界。

如今，小红书作为一个月活用户超1亿的流量高地，不管是在吸粉引流方面还是在商品销售方面，都具有极大的优势。相比传统的电商平台，小红书的内容社区定位能够使得大部分流量流向线下商户手中。

1.2.1 企业号：实现流量高效转化

小红书的企业号以前叫品牌号，是小红书平台提供给企业用户，让他们为自己品牌产品进行推广营销，区别于其他普通个人用户的账号。

小红书的企业号认证并不困难，一般用手机号注册小红书账号后，提交相关资质申请审核即可，小红书官方在3日内即可完成审核。审核完成后，企业提交认证资质，并在5个工作日内完成审核。那么，认证企业号的相关资质有哪些？图1-9所示为小红书企业号平台的认证申请条件。

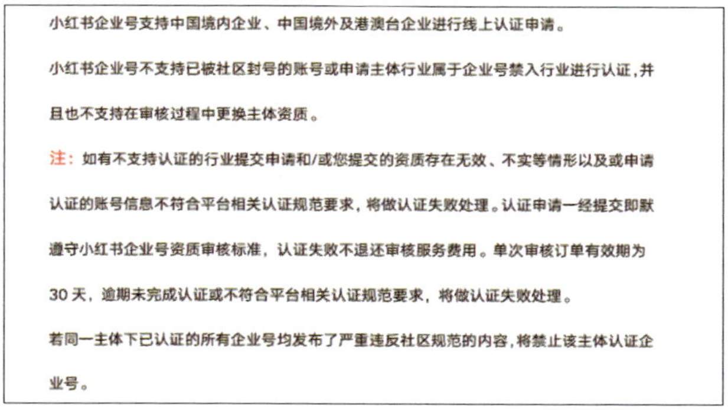

小红书企业号支持中国境内企业、中国境外及港澳台企业进行线上认证申请。

小红书企业号不支持已被社区封号的账号或申请主体行业属于企业号禁入行业进行认证，并且也不支持在审核过程中更换主体资质。

注：如有不支持认证的行业提交申请和/或您提交的资质存在无效、不实等情形以及或申请认证的账号信息不符合平台相关认证规范要求，将做认证失败处理。认证申请一经提交即默遵守小红书企业号资质审核标准，认证失败不退还审核服务费用。单次审核订单有效期为30天，逾期未完成认证或不符合平台相关认证规范要求，将做认证失败处理。

若同一主体下已认证的所有企业号均发布了严重违反社区规范的内容，将禁止该主体认证企业号。

图1-9 小红书的企业号平台认证申请条件

企业在小红书申请认证企业号时，还需要如实填写账号信息，提供相应的经营材料，具体要求如图1-10所示。

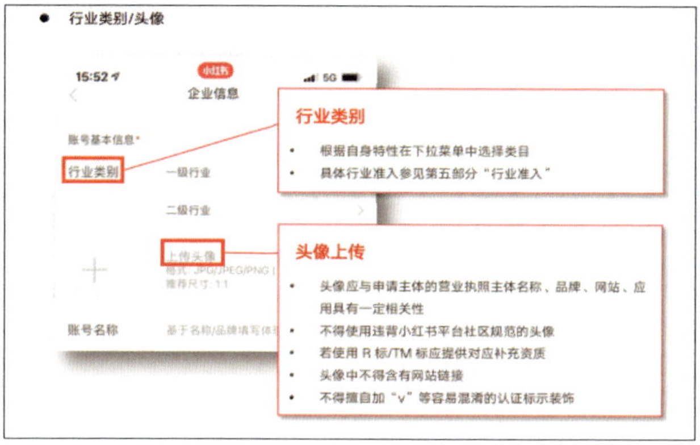

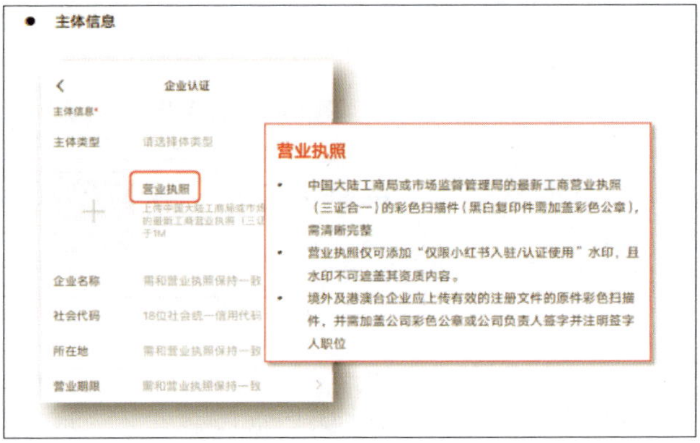

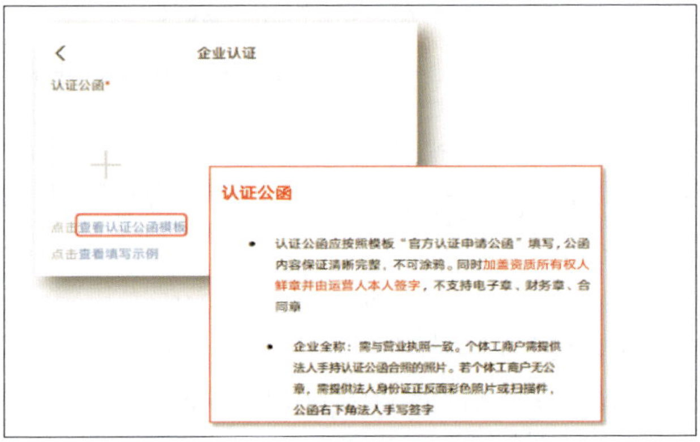

图1-10　**认证材料的要求**

此外，企业在填写运营信息时，运营者姓名要与《企业认证申请公函》上的运营者一致。认证资料提交之后，手机扫码完成支付即可。

★ 专 家 提 醒 ★

需要注意的是，根据小红书企业号平台的相关政策，企业提交认证资料进行审核需要缴纳 600 元审核费用，即使认证失败费用也不退还。所以，企业在进行认证的时候，一定要根据小红书官方平台的要求如实填写相关信息，并且在账号名称、头像设置方面遵守国家相关法规，避免得不偿失。

那么，开通企业号对于企业来说有什么好处呢?

笔者认为，如果企业想要在小红书平台进行品牌产品推广，或者打开品牌知名度，实现产品引流的目的，认证小红书企业号是最为实用的一种办法。通过认证这一商业功能号，能够满足企业的大部分商业需求，包括但不限于产品种草、企业文化的宣传等。

图 1-11 所示为笔者概括总结的开通小红书企业号的 3 个功能与好处，希望对大家有所帮助。

- 营销功能 → 企业号发布的笔记内容中出现产品广告不算违规，官方还提供专属的营销模板与抽奖互动，帮助企业更好地进行产品宣传
- 引流功能 → 小红书的企业号可以在账号简介中插入电话组件与企业地址，还可以提到站外信息，更好地实现企业账号引流
- 主页功能 → 拥有蓝 V 标识和企业卡片，可以绑定线下门店，吸引用户进店消费，还能开设电商店铺，线上线下同时引流变现

图1-11　开通企业号的功能与好处

总而言之，企业在小红书平台开通企业号，能够极大限度地吸粉引流，实现流量的高效转化。

1.2.2　推广合作：申请广告投放

当然，与其他 App 一样，小红书也支持企业品牌方申请投放广告。不过要想在小红书 App 上投放广告，品牌方还需要开户资质认证，从而保证小红书平台发布广告的真实性，并以此维护品牌方与小红书的良好口碑。

那么，品牌方在小红书申请开户资质认证具体有哪些流程？

图 1-12 所示为小红书平台 2019 年 11 月发布的《效果推广开户手册》，其中详细介绍了品牌方与代理商在小红书开户的具体流程。

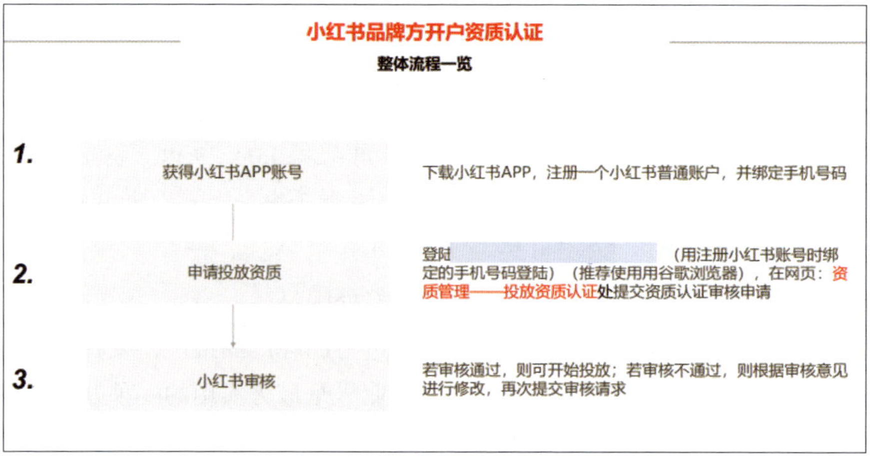

图1-12　品牌方开户资质认证流程

图 1-13 所示为品牌方在小红书投放广告前进行开户资质认证时需要提交的相关资料，包括账号信息、主体信息等内容。

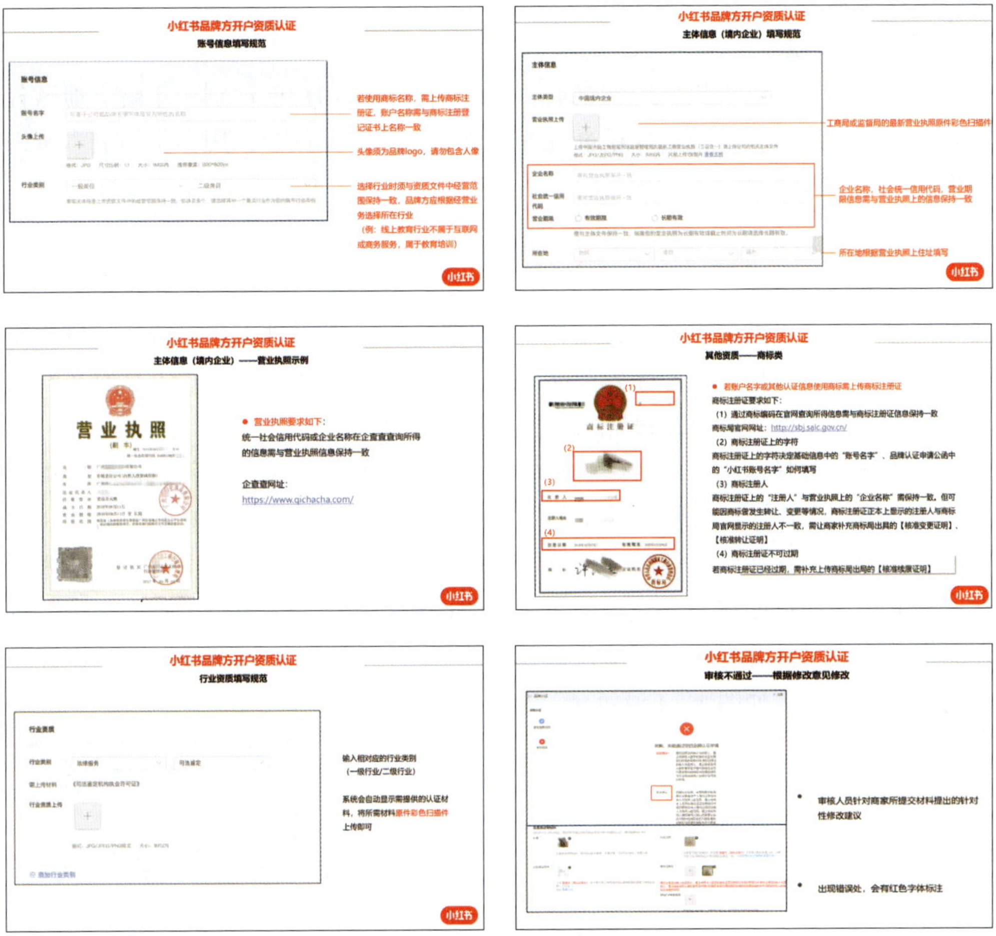

图1-13　品牌方开户资质认证需提交的材料

还有关于商标类的资质，品牌方在小红书认证时提交的商标必须是没有过期的，并且与商标局官网的一致。

小红书 App 的用户数量多、覆盖率广，用户多为一线城市的年轻女性，因此，小红书用户的消费能力强，也愿意去消费，品牌方在小红书开户并进行资质认证，对自身企业的品牌产品自然是好处多多。笔者将其好处总结如下：

1）效果直接

小红书的大数据算法机制能够让广告的投放效果更为直接，可以更为快速地筛选并匹配到对产品有需求、感兴趣的用户。

2）高效转化

小红书广告的精准投放可以为企业的品牌和产品带来更高的曝光度，吸引更多的用户流量，带来更为高效的转化。

3）精准投放

当品牌方在小红书投放广告之后，小红书会根据用户的性别、年龄、地区分布等对其进行划分，从而更加精准地为广告主定位目标用户，用小小的成本带来极大的广告投放效果。

1.2.3 品牌合作人：小红书蒲公英

品牌合作人，顾名思义，就是在小红书平台与各大品牌方进行合作，应邀在小红书社区中发布推广企业品牌产品的笔记内容的用户。品牌合作人具有小红书官方认可的商业推广资格，可以与品牌方进行商业合作。

需要注意的是，小红书的品牌合作人需要用户自己申请，条件达标后即可开通，成为品牌合作人可以轻松获得品牌方的青睐，实现流量的有效变现。

当用户粉丝数达到5000人以上后，进入设置页面，点击“功能申请”按钮；在“功能申请”页面点击“品牌合作”按钮；在“品牌合作申请”页面勾选“我已阅读并同意《品牌合作功能协议》”复选框，并点击“申请开通”按钮，即可成为品牌合作人，如图1-14所示。

图1-14 申请成为小红书品牌合作人

已经成为小红书品牌合作人的小红薯（小红书用户的昵称）在发布品牌合作笔记的时候，只需要点击“高级选项”按钮，选择正确的合作品牌名称，即可让自己发布的笔记自动成为品牌合作笔记。

★ 专 家 提 醒 ★

需要注意的是，如果与用户合作的品牌方还没有开通小红书企业号，或者未经过品牌方开户资质认证，那么合作笔记就无法向品牌系统进行报备，从而也无法正常发布。所以，品牌合作人在发布合作笔记时，一定要确认品牌方的小红书账号情况。

小红书的品牌合作人机制不仅能为小红书 App 带来更多流量，对于品牌方和用户来说也有很多好处，具体如图 1-15 所示。

品牌方 → 对品牌方而言，小红书是十分重要的销售渠道和品牌曝光阵地，通过小红书的品牌合作人机制，可以使得品牌方花更少的钱扩展品牌产品，并且小红书笔记的裂变式传播与超强的“种草”能力，也可以让品牌方吸引更多的消费者

用户 → 对用户，尤其是小红书达人而言，成为品牌合作人即是成为了品牌推广的宣传大使，高效地实现流量的有效变现。至于普通用户，有了品牌合作人，他们再也不用担心卖家“挂羊头卖狗肉”了，从而使他们消费得更加放心

图1-15　品牌合作人的好处

★ 专 家 提 醒 ★

小红书 App 的品牌合作人功能将网红 KOL 的商业推广行为规范化，打破了以往用户自发分享购物心得与商业推广混合的局面，让用户的自发分享与网红 KOL 的商业推广泾渭分明，消费者可以自行辨别广告与安利，买到更加称心的产品，从而保证了小红书社区的规范与和谐。

另外，品牌合作人发布的品牌合作笔记并不会被小红书官方限流，会正常出现在推荐用户的首页，使得广告主的产品吸引更多用户。

1.2.4　商家入驻：顺利加入小红书

商家企业如果想在小红书获得更高的曝光度，吸引更多的用户，可以选择入驻小红书。小红书平台的招商面向广大国际国内的优质品牌，尊重品牌传统与内涵，欢迎优质商家的入驻，为用户带来更好的商品与服务。

商家想要入驻小红书，必须如实提供相关资料与信息，小红书则根据国家相关规定、各品类发展动态及小红书用户的购买需求来对商家的入驻申请进行

审核。

根据小红书的规定，商家入驻小红书需要提交的信息有哪些需要注意的要点？根据小红书的相关规定，可以将其总结为如图 1-16 所示的 6 点。

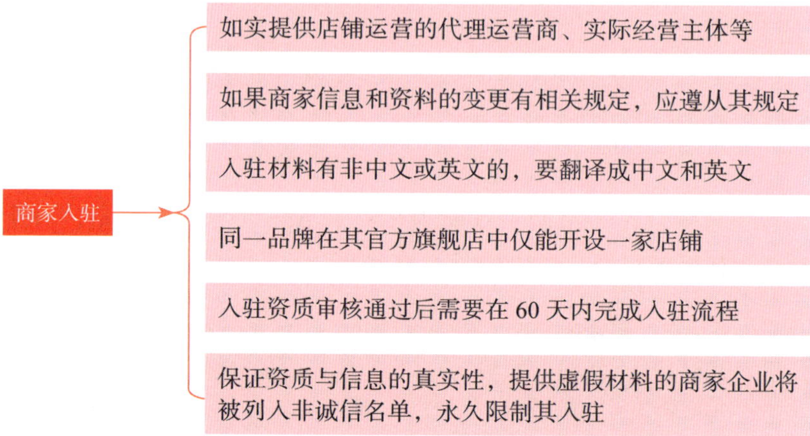

图1-16　商家入驻小红书提交资质信息的注意点

根据小红书平台的相关要求，商家成功入驻之后可以开设 4 类店铺，有旗舰店、专卖店、集合店与卖场型旗舰店，如图 1-17 所示。

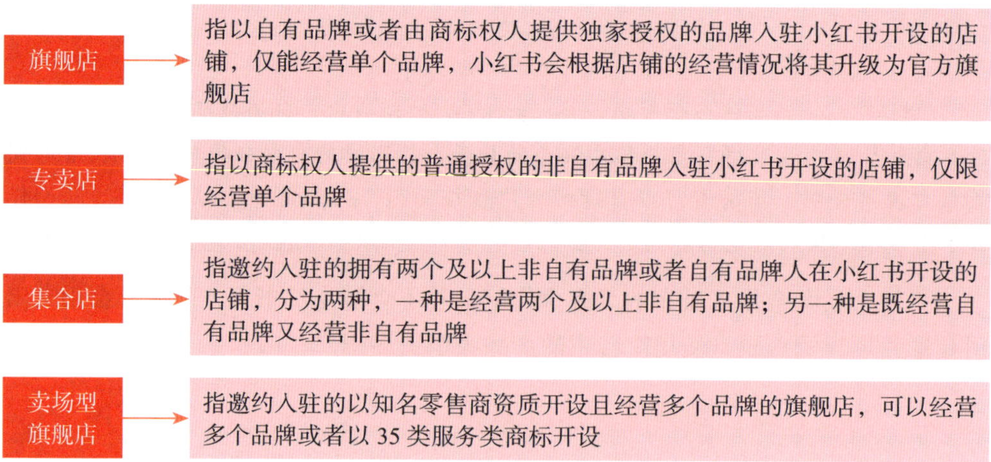

图1-17　商家入驻小红书后可以开设的4类店铺

★ 专 家 提 醒 ★

商标共有 45 个类别，1 ～ 34 是产品类，35 ～ 45 是服务类。其中，35 类服务商标指广告销售、商业经营，以及商业管理与办公事务。

图 1-18 所示为商家入驻小红书需要提供的品牌资质与企业资质。

	单品牌	单品牌	多品牌	多品牌零售商
品牌资质	品牌自营：商标权人签署的入驻申请书（加盖入驻公司公章）、由国家商标总局颁发的商标注册证或商标受理通知书	普通代理：以商标权人为源头的普通品牌授权书（加盖品牌方公章），授权链路须完整，且不超过3级（美妆品牌不超过2级）、由国家商标总局颁发的商标注册证或商标受理通知书。	每个品牌须有对应品牌方开具的授权书且品牌授权链路须完整、由国家商标总局颁发的商标注册证或商标受理通知书。若售卖商品无授权，提供所售卖全部商品的的采购凭证，同时平台会在商家入驻后不定期抽查采购凭证。	品牌自营：商标权人签署的入驻申请书（加盖入驻公司公章）、由国家商标总局颁发的35类服务类商标注册证或商标受理通知书
	品牌一级独家授权：商标权人提供的一级品牌授权书，并限定在小红书或全网独家授权（加盖品牌方公章）、由国家商标总局颁发的商标注册证或商标受理通知书			品牌一级独家授权：商标权人提供的一级品牌授权书，并限定在小红书或全网独家授权（加盖品牌方公章）、由国家商标总局颁发的入驻公司企业字号的商标注册证或商标受理通知书
	注：若商标持有者为个人且与公司法人相同，无需提供授权证明；若商标权人为自然人，申请开设旗舰店与品牌店，需提供身份信息原件or复印件（身份证/护照）及商标使用独占授权书；若商标权人为自然人，申请开设专卖店，需提供身份信息原件or复印件（身份证/护照）及商标使用授权书。			

企业资质	境内企业：营业执照、组织机构代码证（如果已经三证合一，则须提供带有统一信用代码的营业执照），并加盖企业公章。境外企业（包含港澳台）：Business registration、Certificate of incorporation（简称“BR”、“CR”），并加盖企业公章。境外企业委托的境内企业： 1、营业执照、组织机构代码证（如果已经三证合一，则须提供带有统一信用代码的营业执照），并加盖企业公章。 2、海关报关单位注册登记证书/海关报关单位备案回执 3、境外企业授权书（签署平台出具的授权书模板） 4、境内企业承诺书（签署平台出具的承诺书模板） 上述四份材料的境内企业签署主体应为同一个主体，暂不支持多个主体
类目资质	具体请参考《小红书经营类目资质要求》

图1-18　商家入驻小红书需要提供的企业和品牌资质

值得注意的是，现如今小红书对于商家入驻申请的审核变得格外严格，几乎需要通过邀约才能成功入驻。此外，商家有入驻申请拒绝记录后再申请入驻，难度及审核费用都会增加，因此，品牌商家如果想入驻小红书，一定要寻找稳定靠谱的合作商，严格遵守小红书的平台规则。

入驻小红书为品牌商家带来的好处是不可估量的，具体如下：

1）广大的用户群体

作为目前比较火热的社区电商平台，小红书拥有超过 1 亿的月活用户，受到广大年轻女性的追捧，甚至被称为“海外购物神器”。

2）塑造品牌形象

小红书独特的内容展现形式，可以让商家在其发布的笔记内容中塑造品牌形象，并通过关键字的优化及真实使用感受的分享，塑造优质的品牌形象，传播品牌文化，提高客户黏性。

3）提高产品销量

商家入驻小红书之后，可以吸引用户直接来线上的店铺购买产品，提高产品知名度，吸引线下顾客，线上线下相结合，大幅度提高产品销量。

1.3 运营思维：运营小红书的经验与思考

小红书账号的成功离不开长期坚持的运营，实现流量的快速增长与有效变现需要优质的内容运营。那么如何深耕小红书的账号运营与产品推广？如何复制他人的运营策略？笔者认为，可以从运营思维这方面来入手。

1.3.1 运营理念：找到定位＋持续曝光

小红书的运营理念，可以简单地概括为“找到定位”与“持续曝光”这 8 个字。“找到定位”就是要找到自己喜欢的事情和能为他人带来价值的事；“持续曝光”则是要坚持发布优质内容，持续让自己曝光在其他用户的视野之下。

（1）找到定位

例如，在小红书上面，定位为美妆博主的网红 KOL 就会深耕美妆类的内容，分享发布与之相关的好物种草；定位为手绘 KOL 的运营者会持续发布绘画笔记或者绘画教程；定位为书法博主的运营者会每日进行书写打卡并为粉丝推荐好用的文具；定位为美食博主的运营者则会分享美食的做法。

图 1-19 所示为定位为手绘 KOL 的运营者每日分享手绘图片。

图1-19 手绘博主分享手绘图片教程

★ 专家提醒 ★

做好账号的定位实际上也是找准小红书账号的运营方向，这个定位既可以是自己喜欢的事，也可以是自己擅长的事，还可以是能为他人带来价值的事。无论如何，找好了账号的定位，小红书账号运营的方向也就随之确定下来了。

为什么要做好小红书的账号定位？笔者认为，有 3 个方面的理由，如图 1-20 所示。

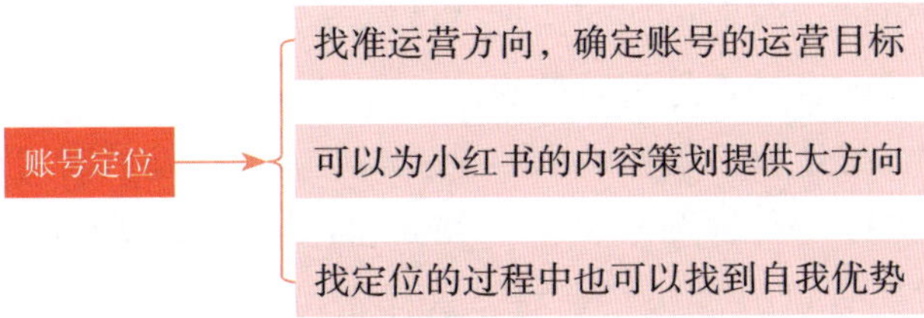

图1-20　做好账号定位的3个理由

实际上，做好小红书的账号定位并不困难，也并不需要运营者有什么一技之长，将小红书当成一个另类的朋友圈看待即可，与众多用户分享自己的日常，以真诚来感动其他用户。

例如，如果喜欢看电影，可以分享自己的观影心得或推荐好看的电影；如果喜欢读书，可以分享自己的读书笔记或者整理出一份书单；作为一名学生，分享自己的学校生活、课堂笔记都能收获一批志同道合的、喜欢你的粉丝。因此，找到小红书的账号定位，可以从自己喜欢的事情开始。

（2）持续曝光

小红书的持续曝光，并不是指账号的运营者要一天更新多条笔记内容，而是指运营者在保证笔记质量的同时，持续发布内容。

总的来说，小红书的持续曝光宁愿高质量、少数量也不要多数量、低质量，笔记最好每天发布，一天一两条即可。图 1-21 所示为小红书的运营者持续输出高质量内容。

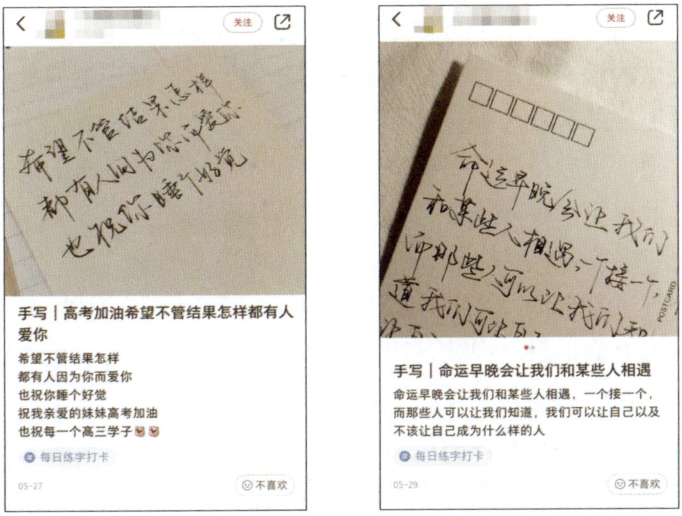

图1-21　每天更新笔记内容

那么，小红书的运营者该如何实现持续曝光，为用户输出高质量的内容？怎么确定自己发布的内容是否是高质量的？

笔者认为，在确定自己发布的内容是否高质方面，运营者可以先模仿与自己在同一领域的 KOL 发布的爆款笔记，如果自己有笔记成了爆款，那么其他的笔记内容和格式样式可以参照它来写，这样做可以花更少的时间，创作出更多的爆款。

实现小红书内容的持续曝光，可以从图 1-22 所示的 3 个方面入手。

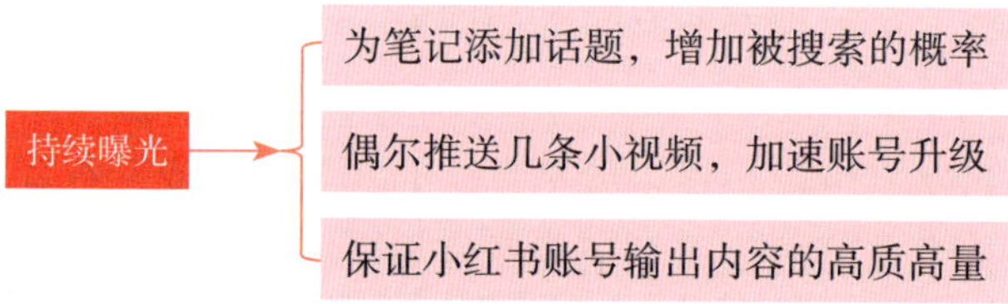

图1-22　实现持续曝光的3个方法

★ 专家提醒 ★

值得注意的是，小红书有一套完整的账号升级系统，用户在小红书平台发布内容，点赞、收藏、评论其他用户的笔记都可以升级，发布视频也能升级账号，完成升级任务，解锁更多权益。

1.3.2　了解平台：平台调性＋推荐规则

不管是小红书还是其他平台，作为内容创作者与账号运营者，进入这个平台之前，首先要做的就是对这一平台有一个充分的了解，准确把握平台的调性及规则，才能取得更好的运营效果。

只有认真遵守平台规则，了解平台特点，才能让自己发布的内容更容易被平台官方看到，取得更多曝光机会，吸引更多的粉丝。

（1）平台调性

在把握小红书平台调性之前，需要明白，不管小红书的社区交流如何繁荣，它都是一个线上电商平台，因此，用户发布的笔记内容带有种草性质会更容易受到官方与其他用户的欢迎。

一般来说，在以年轻女性用户为主的小红书平台，种草美妆、服装、减肥、首饰及护肤类的好物更容易受到用户的青睐。

此外，在小红书平台上，学习成长类的内容越来越受欢迎，每个人都有学习的需求，每个人都想让自己进步，学习类的笔记内容迎来了大爆发的趋势。

值得注意的是，运营者在发布小红书内容的时候，最好为图片添加滤镜，使其有一个小清新的视觉效果，这样会更符合平台调性。

（2）推荐规则

与其他平台不同的是，小红书平台的推荐周期很长，内容的创作者不用担心过了一段时间，自己发布的笔记“熄火”，不能被其他用户看到了。

图 1-23 所示为小红书平台的首页推荐以前的优质内容。

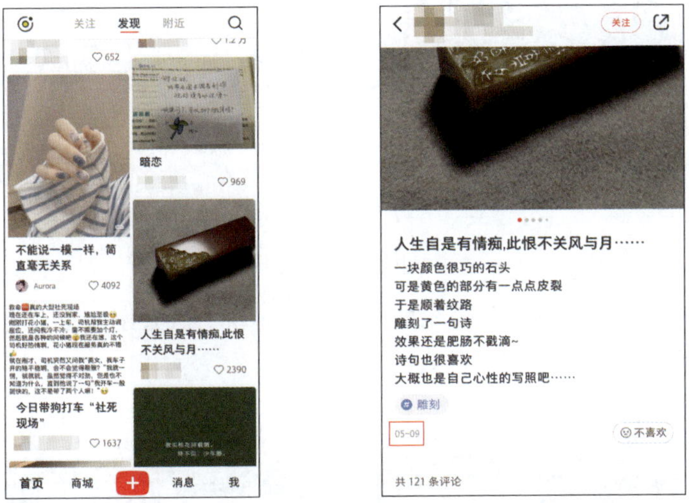

图1-23　首页推荐以前的内容

可以看到，在首页上，小红书平台为用户推荐了一个月之前的内容，这一推荐机制告诉我们，一定要在小红书平台发布高质量的笔记内容，优质内容带来的曝光度，以及带给内容创作者的回报，绝对是十分巨大的。

（3）违规规定

关于小红书平台的违规规则，具体概括如下：

1）不支持在笔记内容及个人介绍中填写站外信息，如淘宝店铺、微博、QQ、微信、邮箱等，但是开通企业号的品牌商家可以。

2）不能在笔记内容中添加购买链接、二维码、小程序等，就算是发布视频，在视频中口述也不行。

3）不支持搬运，搬运的内容会被限流，因此大家一定要多多原创。

更多的社区规定细则，用户可以去小红书平台搜索，也可以关注小红书官方号，看官方公示的违规情况，从而避免踩雷。

图 1-24 所示为小红书官方号“薯管家”发布的“社区规范”。

图1-24　小红书的“社区规范”

图 1-25 所示为“薯管家”公示的一些违规情况，供大家参考，做到心中有数，让自己发布的笔记更加符合平台规则。

图1-25　小红书的违规情况

熟知并了解小红书平台的相关细则，可以让自己的笔记内容更加符合小红书真实、向上、美好的社区氛围，从而使账号能够健康成长。

1.3.3　提升自我：基础技能 + 互动涨粉

虽然小红书的运营并不困难，但是也需要内容创作者或账号运营者学会或了解一些基础的技能，从而更好地运营小红书账号；学会与粉丝进行互动则能更好地吸粉固粉，提高粉丝黏性。

（1）基础技能

要想运营好小红书账号，需要学会一些基础技能，让自己发布的笔记能更加符合小红书的 App 调性，吸引更多粉丝，如图 1-26 所示。

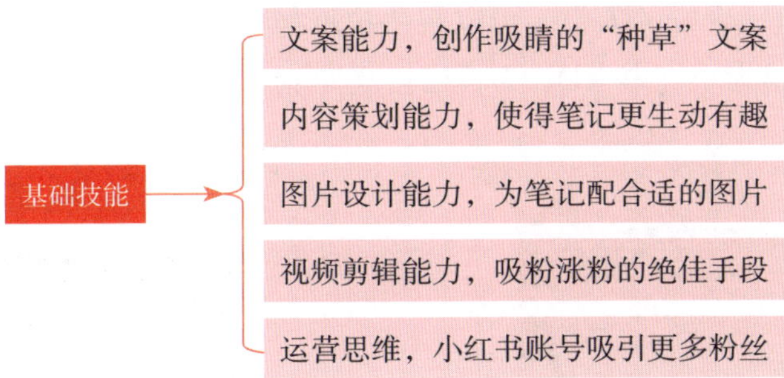

图1-26　运营小红书的基础技能

在小红书的账号运营中，会拍照能为笔记加很多分。尤其是图片设计，小红书是一个图片推送类的 App，封面图片或者是笔记首图的设置尤为重要，如图 1-27 所示。

图1-27　小红书的封面图片

如果运营者为笔记设置的封面足够吸引人，就能让自己的笔记在众多推送内容中脱颖而出，抓住用户的眼球。对于没有封面的笔记内容，则需要在首图上下功夫，因为这是用户对笔记的第一印象，必须好好把握。

另外，笔者认为，还可以增加每篇笔记之间的联系，让粉丝看你的笔记就和订阅节目一样，对你的笔记产生好奇与期待，从而增加粉丝黏性。

（2）互动涨粉

不管是做什么新媒体运营，都需要运营者为自己立一个人设，相比冷冰冰的账号数据，粉丝更喜欢一个有亲切感的博主，或者是被一个独特的博主吸引。因此，为自己打造一个好的人设，可以很快拉近与粉丝之间的距离。

图 1-28 所示为小红书 KOL 为自己树立专业水彩测评人士的人设。

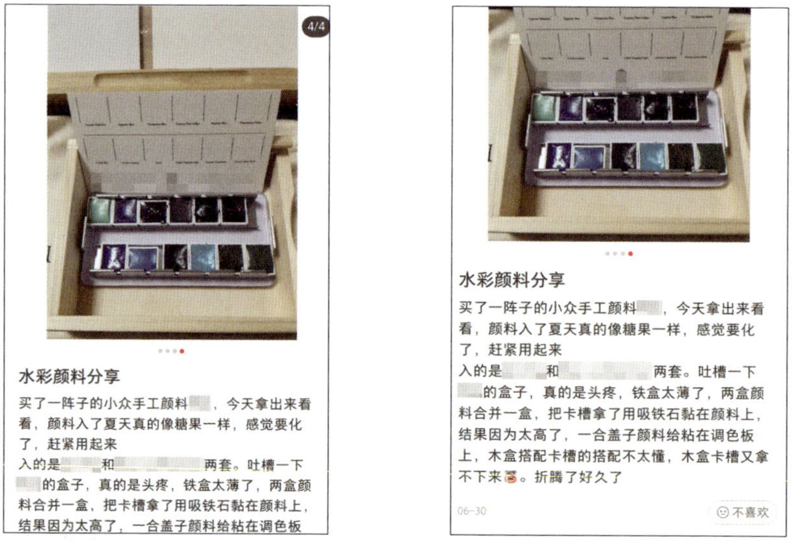

图1-28　KOL树立人设

积极与粉丝互动，就是一种很好的涨粉技巧。小红书的运营者可以在评论区回答粉丝的问题，或者单独写一篇笔记解答粉丝的疑问，还可以开启直播权限，通过直播与粉丝互动。

另外，偶尔进行一次抽奖也是一个与粉丝互动、快速涨粉的好方法，用较少的钱实现涨粉的目的。

第 2 章

店铺运营：从零开始晋级为小红书大 V

学前提示

入驻小红书，开设店铺是一种行之有效的变现方式，商家在小红书开设店铺，可以实现线上线下共同盈利，如果商家在其他平台也有线上店铺，便能实现多平台共同发力，赢得高转化。为了实现这些目的，商家一定要事先了解小红书的相关规则。

要点展示

※ 商品管理：小红书精细化运营方法

※ 店铺管理：90% 以上问题都在这了

※ 营销推广：小红书推广实战经验分享

2.1 商品管理：小红书精细化运营方法

众所周知，小红书虽然以社区交流“出圈”，但归根究底，它依然是一个线上购物平台。用户在小红书“种草”并购买产品，企业商家及网红 KOL 在小红书向用户推广宣传产品，用户与商家之间形成了一个交易闭环，这也是小红书区别于其他线上购物平台的所在。因此，学习小红书的商品管理，了解小红书的精细化运营方法是十分有必要的。

★ 专 家 提 醒 ★

“出圈”是一个网络流行词汇，指的是某个人、某件事或者某个物品知名度变高，不止被原本的粉丝圈子关注，还开始被大众了解。

2.1.1 商品发布的规则

要想在小红书平台发布商品，需要事先成为小红书的入驻商家或者是合作品牌，这在上一章已有阐释，这里不再赘述。需要注意的是，小红书的商品发布有一套自己的准则，需要商家或者品牌方严格遵守。

（1）商品标题

小红书的商品命名有一套自己的准则，由 SPU+SPL+SPV 组成，商品名称中不能有错别字、繁体字和店铺名称，也不能用“××平替”“明星同款”“包邮包税”等词语。图 2-1 所示为小红书 App 中的商品标题名称。

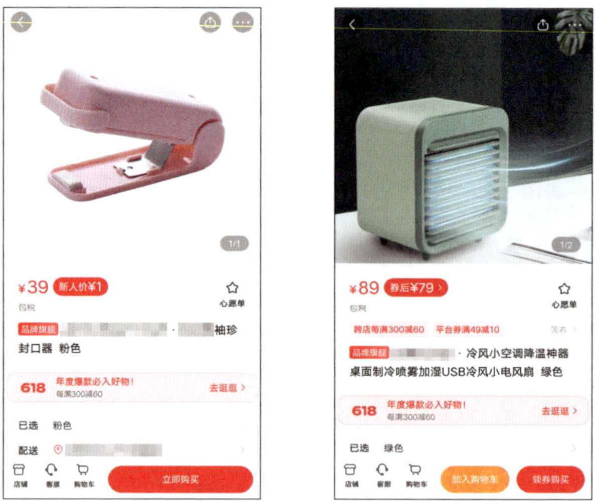

（a）　　（b）

图2-1　小红书App中的商品标题名称

★ 专 家 提 醒 ★

SPU 是 Standard Product Unit 的缩写，即标准产品单元，指的是商品属性相同的同一组产品，如同一款衣服的不同颜色，这些衣服就是同一个 SPU。

SPL 是 Standard PHP Library 的缩写，即标准 PHP 库存。

SPV 是 Special Purpose Vehicle 的缩写，即有特殊目的的手段，如某件衣服兼具保暖时尚的功能，则“保暖”“时尚”就是该衣服的 SPV。

图 2-1 所示的两件商品的标题中，都运用了小红书的商品命名规范，强调商品功能属性。图 2-1（b）中的电扇同款两种颜色，放在同一个链接中并用标题标出来，使得用户更了解商品。

（2）图片或视频

根据小红书的相关规定，商品图片尺寸为 800px × 800px 或者 750px × 1000px，商品首图中的商品必须为正面或者 3/4 角度，不能拼图。

如果使用视频介绍商品，视频必须为 MP4 格式，时间不能超过 1 分钟，并且视频必须清晰。

★ 专 家 提 醒 ★

px 是 pixel 的缩写，意为像素，指一张图片中最小的点，一张图片就是由多个像素点构成。800px × 800px 就是指图片的长宽都是 800 像素。

MP4 的全称 MPEG-4，是 Moving Picture Experts Group-4 的缩写，即动态图像专家组，是一种视频文件格式。

（3）商品介绍

详细的商品介绍可以让消费者对商品有一个清晰的认识，从而决定是否购买产品。一般来说，商品介绍可以参考如图 2-2 所示的模板。

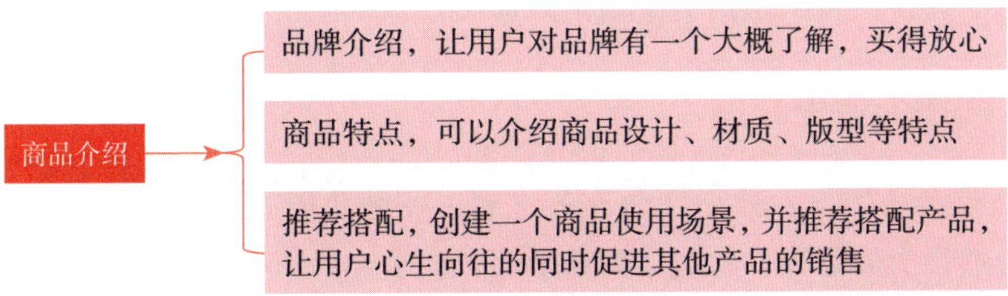

图2-2　商品介绍的参考模板

商家在介绍商品时，可以用上述模板向用户详细介绍商品，创建一个商品使用场景，刺激用户的消费痒点。

★ 专家提醒 ★

痒点就是指消费者在听人介绍产品时，对其产生兴趣，心生向往，从而想要购买的心理。

（4）图文详情

小红书商品的图片必须是商家原创的或者取得授权的图片，否则就会被下架。另外，图片也不能夸大产品，过于失真，不能出现武器、有毒有害、色情、易燃易爆等类别的商品。图 2-3 所示为小红书商城中的商品图文详情。

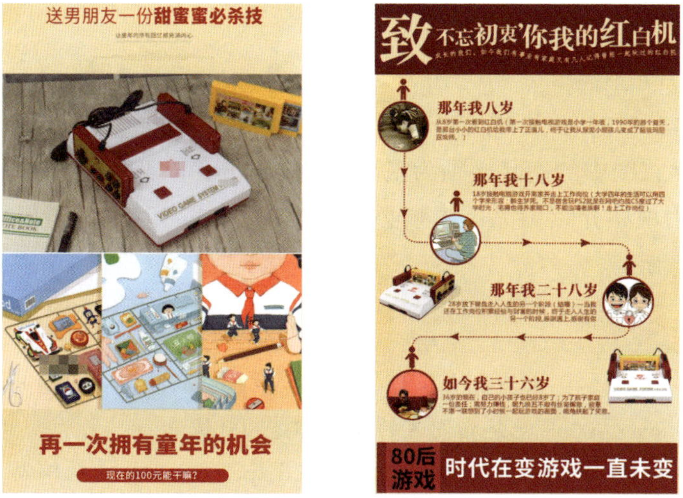

图2-3 小红书App中的商品图文详情

在这一个复古红白游戏机的商品详情页中，商家通过原创的手绘图片，真实地传达出商品的定位：回忆童年。此外，商家还为女性用户构建出一个为男友送礼的场景，为“80 后”用户构建童年时期玩红白机的场景，来让用户回忆童年，戳中他们的痒点，吸引用户下单购买产品。

2.1.2 创建与变更商品

商家或者品牌方入驻小红书 App 之后，一种快捷有效的变现方法就是开设店铺，通过售卖商品取得收益。商家企业入驻小红书和小红书商品的相关规则前面已有阐释，这里不再赘述。下面，笔者将向大家介绍小红书 App 上商品的创建与变更，帮助大家更好地运营小红书账号，实现流量的高转化与高回报。

（1）创建商品

商家如果想在小红书 App 上创建商品，需要前往小红书后台的 ARK 系统添加商品。

★ 专 家 提 醒 ★

ARK 系统是通过运用区块链技术整合与发展科技，为广大开发者与消费者提供服务的安全平台，具有灵活性与适应性强的特点。

小红书的 ARK 系统是小红书的商家运营系统。

根据小红书官方提供的流程来看，商家也能在小红书 App 上创建单品商品与组合商品。图 2-4 所示为创建单品商品的具体流程；图 2-5 所示为创建组合商品的具体流程。

图2-4　创建单品商品的具体流程

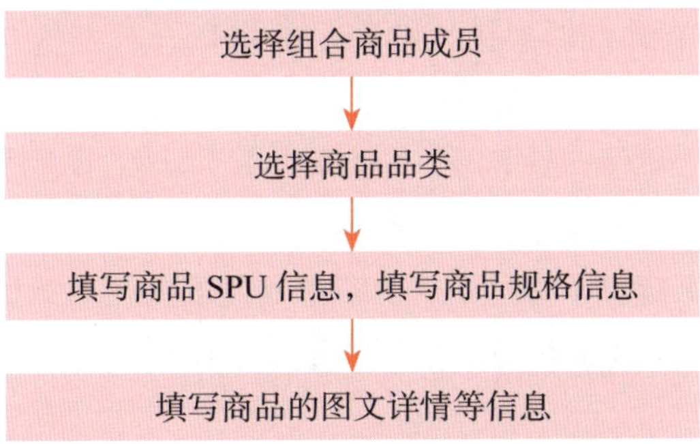

图2-5　创建组合商品的具体流程

那么，什么是单品商品？组合商品又是什么？以服装产品为例，单品商品就是指在一个链接中只单卖一件衣服或者一条裤子；而组合商品则是指在一个链接中打包其他商品一起卖，如一件衣服 + 一条裤子。

此外，在小红书的 ARK 商家运营系统中，商家企业还能设置其他店铺相关信息，具体如图 2-6 所示。

店铺名称	需要注意的是，小红书的店铺名称一旦设置完成便不可更改，联系客服也无法更改，因此商家一定要谨慎操作
贸易模式	指商品的贸易模式，如跨国贸易、国内贸易等，贸易模式一旦确定也无法更改
店铺 Logo	店铺 Logo 可以随时更改，但是对格式有要求，比例为 1 : 1，格式为 jpg 或者 png，图片大小小于 1MB
设置运费	为自己的商品设置运费，可以设置全场包邮、门槛包邮或者不包邮
退货设置	退货设置有两个选项，一个是使用小红书 App 的退货服务；另一个是商家自行提供退货服务

图2-6　ARK中设置店铺信息

需要注意的是，在邮费设置中，全场包邮指的是店铺中的商品任意一件都包邮；门槛包邮则需要商家设置包邮门槛，如设置为满 100 元包邮，那么当消费者购买的商品不满 100 元时需要出邮费。

在退货设置中，如果商家选择的是使用小红书 App 的退货服务，那么就需要根据小红书的相关规则对被退货商品进行处理。

如果被退回到小红书仓的商品被验证为“良品”，那么商家可以：

1）返架销售。能进行返架销售的商品的退货仓与发货仓必须是同一个，如果商品不能返架销售，则需要将商品寄回给商家或者销毁。

2）寄回商家。当商品退回小红书仓库之后，小红书仓库会对商品进行存储并定期（每月 1 次）退回给商家。

3）销毁。小红书定期（每月 1 次）安排专业的公司对退回的产品进行销毁。

如果被退回的商品被验证为“损坏严重”“已拆”等影响二次销售的，那么商家可以：

1）寄回商家。小红书仓定期（每月 1 次）将商品寄回给销售商家。

2）销毁。小红书仓定期（每月 1 次）安排专业公司销毁被退回的商品。

3）“寄回商家”。与第（1）条不同的是，这里的“寄回商家”指的是寄给进货商家或者生产商家；在小红书的相关规则中，对国内外的退货商品也有不同规定，如图 2-7 所示。

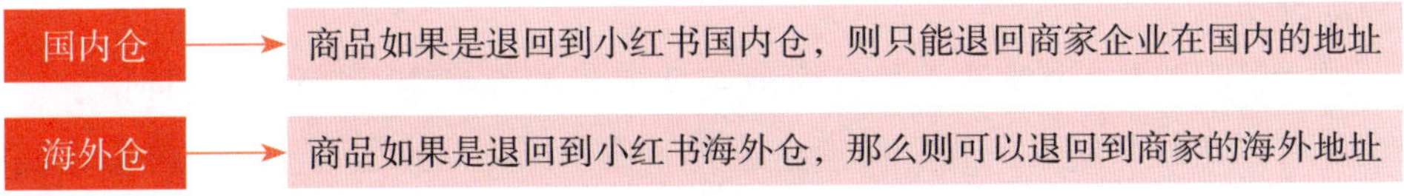

图2-7　小红书的国内海外退货规则

通过这一系列的创建商品的规则，可以使得小红书的商品更加完善，为每一位小红书社区用户带来更好的购物体验。

（2）变更商品

小红书的商品变更需要经过小红书平台的审核，因此，商家在设置商品时需要认真对待。

图 2-8 所示为小红书平台变更商品的具体流程图，供大家参考。

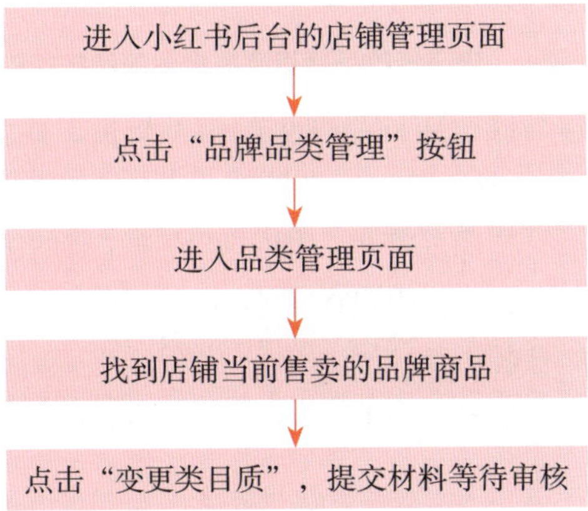

图2-8　变更商品的具体流程

由此可见，在小红书上变更商品的操作还是很烦琐的，所以，商家在设置商品信息时一定要仔细检查，尽量避免疏漏。

2.1.3　创建店铺品牌页

如果商家在小红书 ARK 中创建商品时，品牌库中显示“无此商品品牌”，那么就需要商家创建店铺品牌页。创建品牌页可以让消费者更加直观地了解店铺商品的设计理念与整体风格，从而大大提高粉丝黏性。

一般来说，在小红书开店时创建店铺品牌页有如下两种情况：

1）线上提交。如果商家没有入驻小红书，那么可以在提交入驻申请时在 GAIA（盖亚系统）线上新建；如果商家已经入驻，则可以在 ARK 中的“品牌管理”

创建品牌页。

2）线下申请。通常线上提交资质无法通过的都是集合店铺，这种情况下商家企业可以走线下申请流程。商家企业开工作单据到商家服务平台，然后由商家服务平台发送邮件至相关部门申请品牌页。

需要注意的是，如果商家想修改小红书品牌页，那么只能线下发送邮件申请，因此，在创建品牌页时，商家企业一定要小心谨慎地填写相关信息。

图 2-9 所示为集合店与非集合店申请修改品牌页时需要提交的资质材料。

集合店 → 集合店在新建和修改品牌页时，都需要在邮件中附上对应的商标注册证，跨境品牌则需要提供国外商标网站的商标截图和其他文件材料

非集合店 → 非集合店在修改品牌页时，需要在邮件中附上商标注册证，跨境品牌需要提供国外商标网站的商标截图和其他文件材料

图2-9 申请修改品牌页需要提供的资质材料

下面介绍申请新建与修改店铺品牌页的邮件模板，供大家参考。

1）名称：可以用中文或者英文，必填项。

2）国家 / 地区：不是指商品产地，指的是品牌注册的国家和地区，如中国。

3）别名：例如，“DIOR”用户在搜索时，可能会输入“迪奥”“雕”等，此时用一个别名来扩大搜索。

4）描述：品牌描述，字符不能超过 140 个，最好不要使用过于官方的文字，可以生活化、接地气一点。

5）图片：品牌页的图片分为 Banner 图、Logo 图与品牌图。

Banner 图要求除商品本身之外没有文字，尺寸为 750px × 560px。

Logo 图为 200px × 200px 方形图。

品牌图要求尺寸为 750px × 560px，可以是店铺或者宣传照片，最多只能有 9 张。

6）视频：小红书的品牌视频不能用中文命名，大小在 20MB 以内，格式为 MP4，最多只能有一个视频，占 1 张品牌图片的位置，如 1 个视频 +8 张品牌图或者 9 张品牌图。

★ 专家提醒 ★

Banner（Banner AD），译为横幅广告，又称旗帜广告，当用户点击 Banner 图时，一般都能链接到品牌方的商品详情。

2.1.4　商品库存管理

商家想要设置商品库存，需要进入小红书的 ARK 系统，在商家后台运营系统中找到“商品管理”按钮，点击进入商品管理页面，即可对商品库存进行管理。

当商家开启商品库存后，买家在购买商品时即可看到商品是否还有库存。图 2-10 所示为小红书的商品购买页面。

图2-10　小红书的商品购买页面

入驻商家开启商品库存后，当商品卖完时会及时显示“售罄”字样；当商品即将卖完时，则会显示“仅剩 × 件”。在图 2-10 中，电饭煲即将卖完，显示“仅剩 1 件”字样，让还在犹豫中的买家忍不住下单抢购最后一件商品。

实际上，在小红书店铺的运营中，做好商品库存的管理在某种程度上能够为用户打一剂“强心针”，当商品库存很足时，用户会买得更加安心；当商品库存紧张时，用户则会担心此时不买，后续就买不到了，从而开始下单购买产品。

做好商品的库存管理，还可以让商家更好地管理店铺，让商家不会陷入买家下单了卖家没货可发的境地，使得店铺运营变得井井有条。

因此，对于入驻商家来说，做好店铺商品的库存管理，是有很大裨益的。

2.2 店铺管理：90% 以上问题都在这了

在店铺的运营中，经常会遇到各种各样的问题，如销售情况、店铺分、店铺装修、物流、售后等。提前对这些问题有一个大致的了解，可以使店铺运营者在面对这些问题时从容不迫，让店铺的人气蒸蒸日上。

2.2.1 销售数据分析

在小红书平台，商家如果想要对自己店铺的数据进行复盘，总结成功经验或者归纳失败教训，让店铺能够运营得更好，那么可以使用千瓜数据，如图 2-11 所示。

图2-11　千瓜数据平台首页

千瓜数据是小红书的数据分析平台，能帮助运营者快速追踪当前热点、监控行业动态、优化广告投放策略，还可以分析小红书的优质 KOL，从而学习其他人的成功经验。

在千瓜数据中可以看到行业报告分析及小红书运营的相关数据，绑定账号后，可以查看自己账号的后台数据。图 2-12 所示为千瓜数据的用户个人中心。

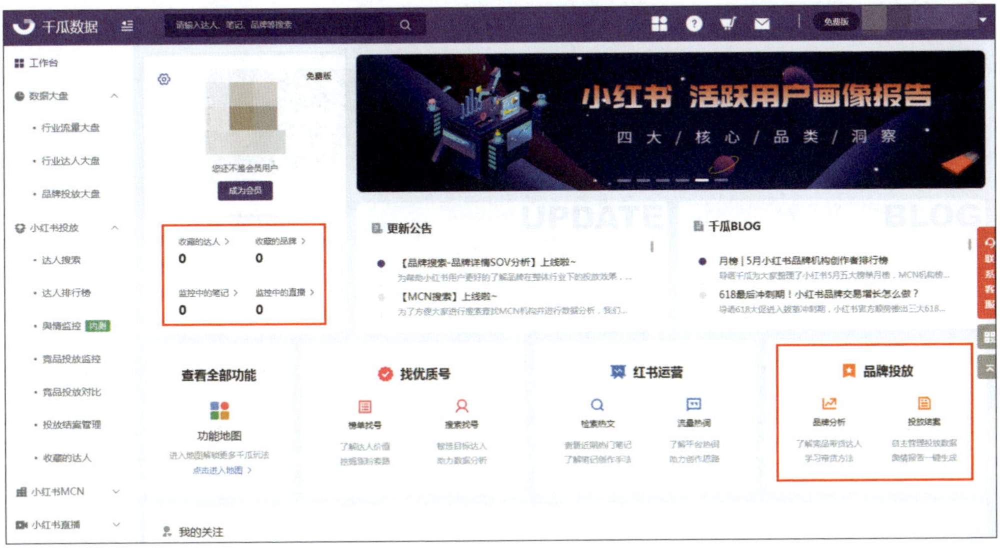

图2-12　千瓜数据用户个人中心

通过千瓜数据，运营者可以及时对自己的账号数据进行分析复盘，紧跟当前营销热点，通过用户画像精准找到目标消费者，使得自己的店铺实现流量的高效转化。

2.2.2　店铺分的提升

不管是什么店铺，也不管是什么平台的店铺，其评分都是很重要的，是消费者对店铺的第一印象，也影响着消费者是否愿意去店铺中购买产品。一般来说，消费者更愿意去高评分的店铺中买东西。

根据小红书官方的解释，店铺分是“小红书店铺评分系统”，可以帮助商家了解并提升自家店铺的服务能力，从而得到更多用户的认可。

笔者认为，店铺分的意义可以从以下几个方面来看。

1）参与流量分发。对于评分高的店铺，小红书平台会给予其更高的曝光度和一定的流量倾斜，从而让高分店铺能够被更多用户看到。

2）作为评估条件。小红书平台会将店铺分作为店铺年检、广告资源等的评估条件。

3）参与平台活动。在小红书平台，评分低于 3 分的店铺无法参与各类活动、节日大促及其他活动。一般来说，小红书平台会根据店铺评分及自身的业务需要，在活动开启前用公告的形式通知各店铺。

图 2-13 所示，为小红书平台的店铺评分。

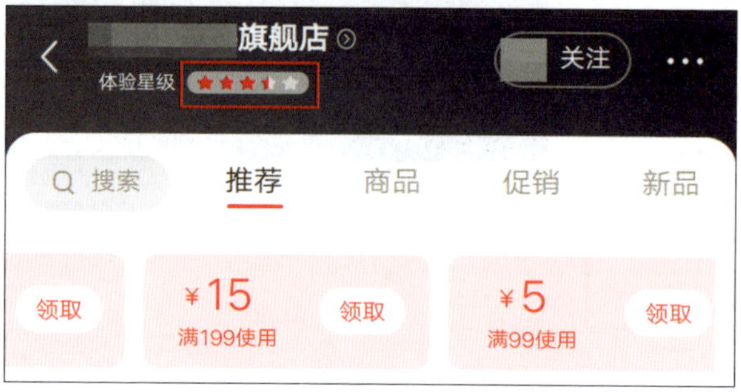

图2-13　小红书平台的店铺评分

可以看到，小红书平台的评分采用的是 1 ～ 5 分制，这家店铺的评分是 3.5 分，这个评分已经很危险了，到 3 分以下会被限制许多活动。

那么，小红书的店铺评分怎么计算呢？根据官方的介绍，是从用户评价、物流及客服服务这 3 个方面来计算的，如图 2-14 所示。

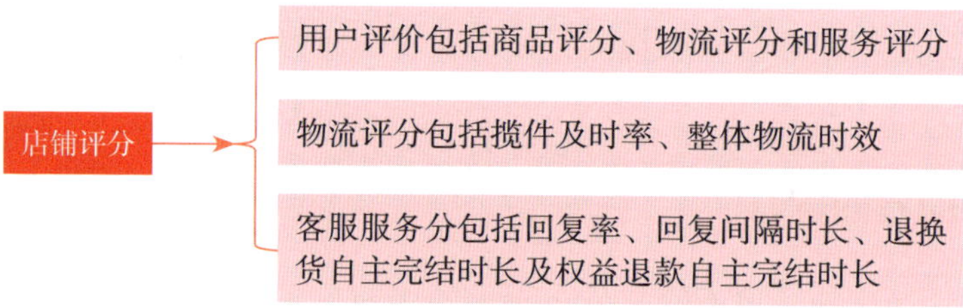

图2-14　小红书店铺分的3个方面

★ 专 家 提 醒 ★

值得注意的是，小红书平台的店铺分每天滚动更新，以 30 个自然日为一个周期来结算。刚入驻小红书的新店铺在 30 天内没有发货订单记录的将没有店铺分，在产生订单后开始计算店铺评分。

在物流分的计算中，小红书会根据发货地的不同将店铺划分为 3 个维度：国内（中国大陆）、近洋（中国港澳地区和亚洲国家）和远洋（亚洲以外的国家和地区）。在这 3 个不同的地域划分中，小红书计算物流整体时效的时间也不相同。

商家参与小红书平台的各类活动，如跨店满减、节日大促等的预售订单，也会被纳入物流分的计算。所以，商家要协调好店铺的方方面面，做到及时发货、快速发货。

★ 专 家 提 醒 ★

当商家对自己的店铺分产生疑问时，可以通过 JUNO 工单系统创建“店铺后台数据咨询”来咨询商业服务团队。

2.2.3 店铺的装修设计

这里的装修设计并不是指实体店的装修，而是对小红书线上店铺页面内容的设置，使得店铺首页更加吸睛，能为用户带来更好的视觉效果，从而提高店铺的销量。

图 2-15 所示为小红书官方给出的设置店铺首页的方法。

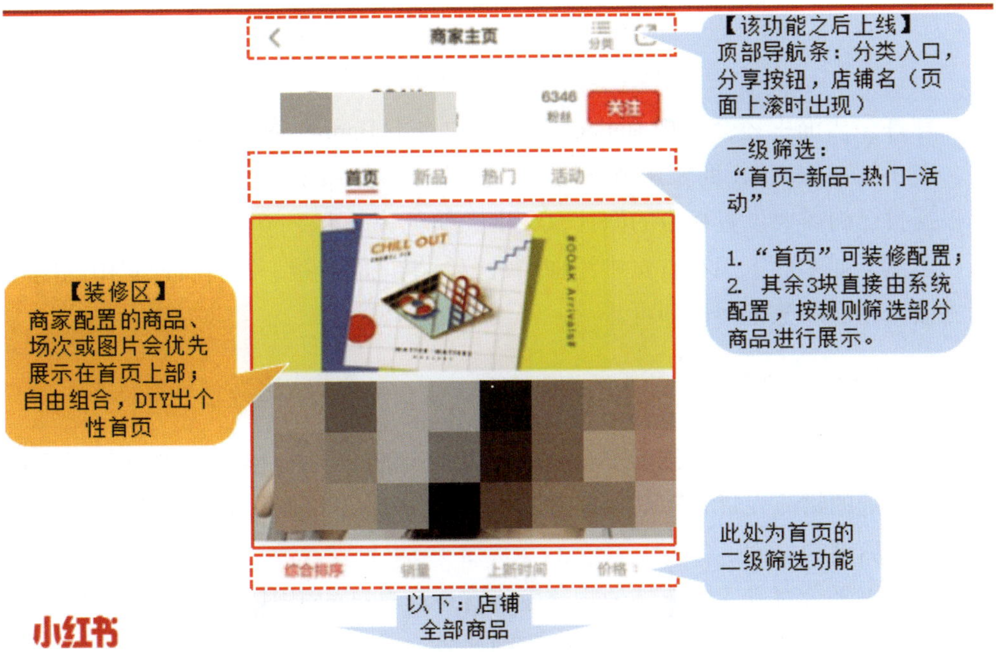

图2-15　设置店铺首页的方法

在店铺首页中，运营者可以在“首页”界面装修配置店铺，其余的 3 块则由系统按照平台规则筛选商品进行显示。

在店铺的商品菜单栏有“推荐”“商品”“新品”这 3 个菜单栏，“推荐”指的是店铺中销量高的产品；“新品”是根据上架日期倒推排列的商品；“商品”是店铺中所有的商品，如图 2-16 所示。

图2-16　小红书的店铺菜单栏

在许多店铺中还会出现 Banner 图，用户点击 Banner 图即可跳转至相应的网页。在小红书的 ARK 商家运营系统中，提供了许多 Banner 图模板，商家企业可以根据自己的需要设置相应的图片、文字、颜色等元素。

当然，如果商家想在首页中添加“种草”笔记的链接，在首页设置中的图片下方输入相应的笔记网址即可。

2.2.4　物流发货管理

前文中已经说过，小红书平台的物流也是店铺评分的一部分，因此，商家企业做好店铺的物流发货管理是十分重要的，这影响的不仅仅是消费者的购物体验，更影响着店铺的口碑。

小红书平台对其入驻店铺的物流发货有一套自己的规则，商家需要严格遵守规则，避免因为物流问题影响自身的店铺评分。

可是，开设线上店铺总会遇见一些不可避免的麻烦，如和生产商的对接出了问题，仓储出现了问题等。一旦出现了这些问题，商家的订单发货就很难按时完成，如果不对其采取一些紧急措施，往往会对店铺的评分、用户口碑等产生不良影响。

那么，当发货出现问题时，商家该怎么做呢？其实小红书平台对这些早有预见，还有一套完整的解决措施，即超期发货报备。图 2-17 所示为小红书平台超期发货报备的具体流程。

图2-17　小红书超期发货报备流程

商家申请超期发货报备时，需要用图片的形式上传报备声明与报备凭证，以及从超期发货页面导出的包裹 ID（Identity Document）。在报备凭证中，商家需要填写正确的公司信息、公司公章、发货周期及店铺对于发货时间的公告。

图 2-18 所示为小红书店铺的发货调整公告。

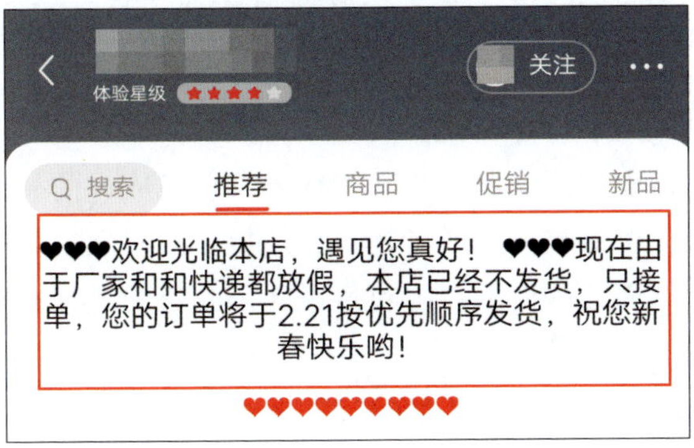

图2-18　小红书店铺的发货调整公告

可以看到，该商家的发货调整公告是直接显示在店铺首页中的，原本这个公告位置是 Banner 图，如今却是发货公告，物流的重要性可见一斑。

需要注意的是，企业商家仅能申请两次超期发货，第一次需要在规定发货时间之前进行报备；第二次不能晚于商家在首次报备时约定时间的 24 小时，并且小红书只接受线上超期发货的报备，其他任何形式都是不允许的。因此，商家一定要协调好自己的发货流程，避免出现物流问题。

那么，当商家售卖的是虚拟商品时，无法进行实体物流发货该怎么办呢？其实商家企业可以对虚拟商品进行设置，具体有两种情况。

1）全店都是虚拟商品。在这种情况下，商家企业可以在 ARK 中申请“自主配送”，根据相应流程申请相关权限即可。

2）一件或者少部分是虚拟商品。在这种情况下，商家可以申请商品白名单，将虚拟商品的 ID 和相关的活动详情以邮件的形式发送给 AM（Account Manager，客户经理）进行申请即可。

2.2.5 财务账单管理

不管是线上还是线下的店铺，也不管是何种类型的店铺，对其店铺销售额进行合理的把控管理都是十分有必要的。财务问题始终是开设店铺中所有问题的重中之重。

下面，笔者将对小红书店铺运营管理中常见的一些财务问题进行解读。

（1）支付渠道费

与所有线上电商平台一致的是，小红书的入驻店铺需要支付渠道费给第三方支付平台，一般是商品销售额、运费等的 0.7%。也就是说，只要在商品交易过程中，买卖双方产生了支付行为，店铺都需要向第三方支付平台支付 0.7% 的渠道费。

（2）订单收货时间

在小红书中，订单物流显示签收并不代表订单完成，商品的支付款也不会到卖家手中，需要买家点击收货，或者是订单发货一段时间后自动收货才能完成结算。因此，卖家看见买家迟迟不点击收货也无须着急，等到自动收货时间一到，商品款项自然会到卖家手中。

在小红书平台，订单自动收货的时间如图 2-19 所示。

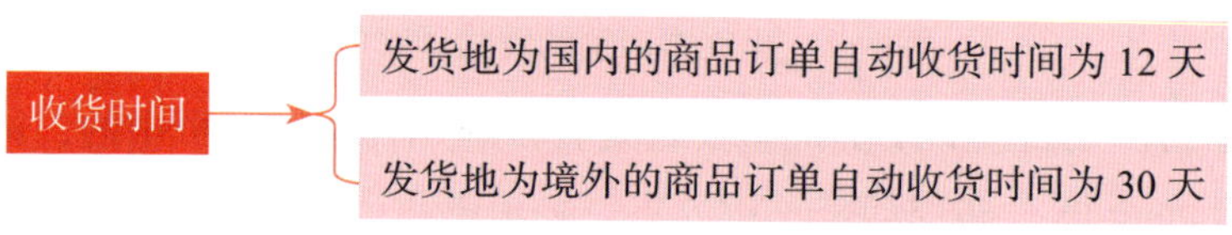

图2-19 小红书平台自动收货的时间

（3）数据错误

当商家发现自己店铺账单中的金额数据错误时，需要特别注意以下几点：

1）某一周期的账单不支持卖家申诉，需要等到月度账单结算时发现问题后申诉。

2）提交具体问题时，涉及判责的问题要提供相关截图与工单号，交由小红书财务审核。

3）申诉完成后，商家企业应该在 90 天之内确认。

4）如果在“订单查询”中没有看到“申诉”按钮，商家可以反馈给平台。

（4）货款

需要注意的是，在小红书平台商家每月仅有 1 次提现机会，每次提现的最低货款为 300 元，此外，提现申请还需要审核 1 个工作日。

小红书平台有时会给用户发放优惠券，此类优惠券的金额不会由商家承担，但是商家自己发放的优惠券需要自行承担。

★ 专 家 提 醒 ★

对于跨境商家来说，提现最终到账金额会被跨境银行扣除一定的转账手续费，费用多少以银行具体规则为准，因此，如果商家发现到账金额有所出入先不用着急，可以看看是不是银行扣除了手续费。

2.2.6 店铺客服管理

在小红书平台中，商家可以设置自主客服，实现与消费者的实时沟通。图 2-20 所示为消费者对商家自主客服发起会话的页面。

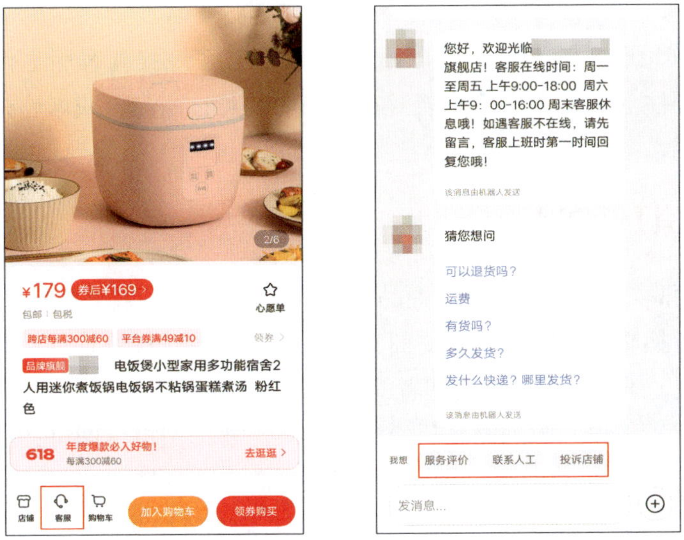

图2-20　消费者对商家自主客服发起会话

可以看到，消费者只需在商品的详情界面点击左下角的“客服”按钮即可发起会话，商家设置的自动回复可以帮助消费者解决基础的常见问题，消费者还可以在会话页面对客服进行评分。

此外，小红书平台会对商家的自主客服进行一些必要的管理，例如，每月进行数据考核，以及对客服的服务进行抽检。一般来说，商家的自主客服进行数据考核有 3 点重要内容，如图 2-21 所示。

客服考核
- 首次回应用户的速度在 45 秒内的占比达 75%
- 客服回应用户的平均间隔要小于或等于 60 秒
- 用户对客服服务进行评分，表示满意的评分要大于或等于 90%

图2-21　小红书对客服进行数据考核的重要内容

需要注意的是，这 3 项数据都是以月为单位，以月平均值作为考核依据，并且客服评分也纳入店铺分的计算中，因此，商家在设置店铺自主客服时也需要对客服进行相应的培训，以免因客服服务影响店铺评分。

★ 专 家 提 醒 ★

根据小红书平台的规定，店铺客服最低服务时间不分节假日，为上午 9 点到晚上 22 点，如果店铺另有要求，可以通过系统将服务时间向上进行调整。一个客服最多只能同时接待 100 名消费者，这一数值无法调整。

如果商家想联系消费者，可以通过登录 EVA 系统找到客服工作台向用户发起会话。需要注意的是，商家只能对在店铺中购买过商品，或者咨询过客服的消费者发起会话。

2.2.7　售后订单管理

在收到商品之后，用户如果对商品有不满意的地方，一般都会找客服进行售后，选择退货或者换货。此时，就需要商家有一个好的售后订单管理了。及时有效的售后订单管理，不仅可以满足消费者的购物诉求，也可以提高店铺的口碑。

对于消费者来说，收到商品后要退换货只需要提交申请即可，小红书的客服会判定是否接受退换货申请，一旦接受则需要商家及时处理。

商家在收到消费者退回的商品后，经确认无误后在 ARK 中通过消费者的退款、退货等申请；如果发现商品有异议，可以选择“收货异常”选项，拒绝消费者的不合理请求。

当然，在小红书平台上还有一个重要的售后规则，那就是 7 天保价，消费者在小红书平台上下单购买商品的 7 个自然日内，如果该商品存在降价行为，小红书会退还差价，保证消费者购买到物美价廉的产品，从而让消费者买得更放心。

对于商家来说，7 天保价也是一种吸引消费者的有效方法，当消费者看到店铺有 7 天保价的服务时，也会更愿意去店铺中下单购买，毕竟没有人想多花钱买东西。

消费者在小红书平台可以直接申请 7 天保价退差价，如图 2-22 所示。

图2-22　消费者在小红书申请7天保价

那么，商家该如何为申请 7 天保价的消费者售后服务？其实售后很简单，商家只需要通过图 2-23 所示的流程图，即可完成审核为消费者进行 7 天保价的售后服务。

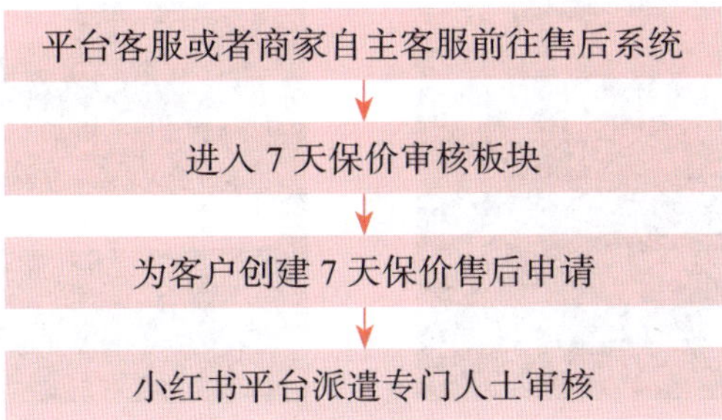

图2-23　商家企业为消费者7天保价的售后服务流程

需要注意的是，消费者在小红书平台申请换货时，只能申请换成同一种产品，不能更换成其他类型或者其他型号的产品，例如，消费者衣服买大了，商家可以为他将衣服换成小码的，但不能换其他款式的衣服。这是小红书平台的规则，需要入驻商家严格遵守。

2.3 营销推广：小红书推广实战经验分析

在互联网时代，借用小红书平台进行营销推广已经是一种市场潮流。实际上，小红书社区以高质量的社区内容提高用户黏性，又用用户自发分享的笔记吸引更多用户。小红书深刻理解年轻人的生活方式，以共享为前提，以吃喝玩乐为主要消费模式，吸引了大批忠实用户。

2.3.1 优质笔记绑定商品

在小红书发布笔记时，在笔记中添加商品链接是一种很好的推广方式，尤其是优质笔记，在优质笔记中绑定商品，能够很好地吸引消费者购买产品。

想要在小红书笔记中添加商品链接其实非常简单，只需要在创建笔记时点击“标签”按钮，即可根据自身的需要插入相应的商品链接或者品牌链接，如图 2-24 所示。

图2-24　在小红书笔记中插入商品链接

笔记中的商品链接一般分为两种情况，一种是创作者自行添加的，为相关的商品引流；另一种是小红书系统自动添加的，强行为用户“种草”。如果创作者对系统强行添加的链接不满，向小红书官方反馈即可。

需要注意的是，如果笔记的创作者没有自己的店铺，那么添加的商品链接只能是其他店铺的商品，为他人引流。因此，推荐创作者加入品牌合作人，这样在笔记中添加商品链接还能为自己带来不俗的收益。

如果创作者有自己的店铺，可以充分利用笔记的引流功能为自家店铺引流，在笔记中插入商品链接，能够最大限度地利用小红书平台的曝光机制，让自己的商品进入更多人的视野中。

图 2-25 所示为小红书的品牌合作人发布的优质笔记，在笔记中插入了商品链接，为品牌方引流。

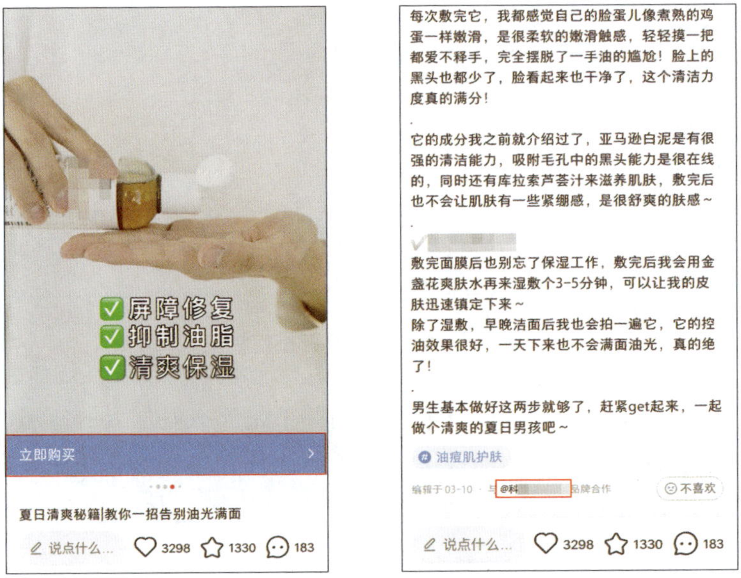

图2-25　创作者发布优质笔记引流

2.3.2　好物推荐推广计划

在小红书平台上，商家或者个人用户可以加入好物推荐推广计划，这一推广计划主要是针对带货来说的。

加入好物推荐推广计划之后，商家或者个人用户的创作者即可在直播及创作笔记时插入商品卡片。其他用户如果想购买商品，只需要点击相应的商品卡片即可跳转进入商品链接。当交易完成后，商家可以获得商品售出的利润，而个人用户则可以得到为商品带货的佣金。

那么，创作者该如何加入好物推荐推广计划呢？创作者只需要进入“设置”界面，选择“功能申请”选项，点击“好物推荐”按钮，满足相应的条件即可加入好物推荐推广计划，如图 2-26 所示。

图2-26　加入好物推荐推广计划

但是，小红书平台的好物推荐推广计划并不是那么好加入的，还设置了一定的门槛，对申请者进行筛选。加入该计划需要创作者完成实名认证并在小红书平台拥有 1000 及以上的粉丝数量，如图 2-27 所示。

图2-27　加入好物推荐推广计划的要求

在小红书中，好物推荐推广计划主要分为 3 种，第一种是通用计划，店铺开通“好物推荐管理”权限后，全店商品都会参与这一计划；第二种是店铺计划，只有店铺中某件或者某几件商品参与计划；第三种是定向计划，主要是店铺为指定的合作人设置特殊佣金。这 3 种计划的具体区别如图 2-28 所示。

3种计划	简介	与达人的合作方式	可设佣金率范围	达人可见范围	是否提供样品
通用计划	店铺开通“好物推荐管理”权限并勾选同意《好物推荐合作协议》后全店商品默认参加通用计划。 全店商品使用同一通用计划推广佣金率，支持商家随时修改，修改后立即生效。	商品添加到选品中心里，需要达人自己看	2%~80%，前闭后闭	所有达人可见商品和佣金率	不提供
店铺计划	店铺为特定商品配置特定佣金率	商品添加到选品中心里，需要达人自己看	2%~80%，前闭后闭	所有达人可见商品和佣金率	提供，需要达人付费购买
定向计划	店铺为指定的达人设置特殊佣金	商家和达人线下沟通并确定合作后，然后商家再设置	0%~80%，前闭后闭	定向佣金率仅指定达人可见	提供，需要达人付费购买

图2-28　3种计划的具体区别

2.3.3　营销活动获取流量

小红书的营销活动实际上就是多种形式和多种范围的促销活动，小红书平台的促销形式主要有两种，一种是商家促销，另一种是多品促销，二者的区别主要如图 2-29 所示。

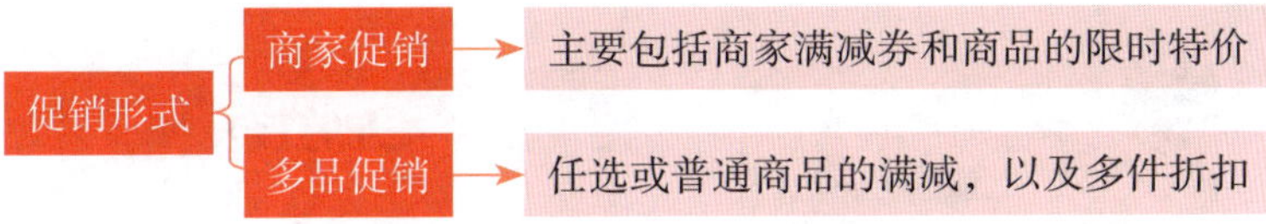

图2-29　两种促销形式的区别

如果商家想要报名参与小红书的促销活动，店铺分需大于或等于 3 分，店铺商品的类型、价格、库存等符合活动的要求，这样在小红书进行活动通知之后，店铺就可以报名参加促销活动了。

★ 专 家 提 醒 ★

需要注意的是，不管是什么电商平台，商家参与促销活动都是一种让利的行为，通过降低商品价格，降低店铺能够获得的利润吸引更多消费者下单购买产品，从而打响店铺名声，赢得口碑。

另外，如果商家参与了小红书的促销活动，虽然可以中途取消促销或者下线活动商品，但是这样会对店铺信誉产生无形影响，一是会对店铺口碑产生不良影响；二是以后的促销活动小红书平台可能不会让该店铺参加了。

那么，在参与小红书平台的促销活动之后，商家该如何提高自家店铺的点击CTR呢？笔者认为，可以从页面设计、广告宣传和用户定位这3个方面来分析，如图2-30所示。

- 页面设计 → 商品标题最好主题明确，有吸引力；商品配图颜色靓丽，吸人眼球；不夸大宣传，让用户能获知正确详细的商品知识
- 广告宣传 → 精准投放广告，可以借助小红书中KOL的力量，让店铺的促销活动能极大限度地让消费者知道
- 用户定位 → 根据店铺商品来分析定位用户，再根据用户定位来寻找合适的推广宣传渠道、推广方法和推广KOL

图2-30　商家企业提高点击CTR的方法

★专家提醒★

CTR是Click Through Rate的缩写，中文译为点击通过率，是一种广告术语，指的是用户通过点击广告到达目标网页的到达率。

图2-31所示为小红书平台的“618”年中大促活动中，店铺的满减活动。通过具有吸引力的Banner图和活动提高CTR。

图2-31　店铺的满减活动

创意内容篇

第 3 章

图片设计：高颜值美照吸引用户的关注

学前提示

在小红书平台，KOL 使用的主要内容输出形式就是图片、文字和视频，一个好的笔记图片能够极大地吸引用户眼球，从而让自己的小红书笔记获得更高的曝光度。本章将为大家分享一些小红书笔记图片的实用拍摄和设计技巧。

要点展示

※ 图片拍摄：超美小红书打卡照拍摄技巧

※ 封面设计：让你的封面图片颜值“爆表”

※ 图片设计：涨粉引流离不开好看的图片

3.1 图片拍摄：超美小红书打卡照拍摄技巧

在小红书社区，图片和视频已经成为主要的内容输出手段，用户乐此不疲地在平台分享自己的精致生活与购物心得，小到一支笔，大到一次人生抉择，KOC 和 KOL 们都要与其他用户分享。

因此，要想运营好小红书账号，使其吸引更多粉丝，掌握好的打卡照技巧是十分有必要的。相比其他年龄段的人而言，年轻人更相信同龄人的分享，并且小红书上的“打卡”具有很强的可复制性，能让其他用户跟风。所以说只要能拍出好的打卡照，那么运营者就不愁变“网红”。

3.1.1 光线：最考验人的就是采光问题

不管是在室内还是室外，打卡照中最考验技术的永远都是光线问题。如果光线太暗，拍出来的照片黑成一团，不仅无法体现出打卡的美感，还会给后期增加难度；如果光线太强，会让照片过于刺眼，难以表达出拍摄者的情绪。

因此，如果是拍摄室内打卡照，可以让人物尽量在靠近窗户的地方，这里光线比较好，既不刺眼又不会太暗，可以很好地展示出人物主体，如图 3-1 所示。

图3-1　靠窗拍摄突出人物主体

如果是在夜晚拍摄，而拍摄者没有很好的拍摄技巧或者后期技术的话，不太建议人物主体站在很亮的顶灯下面，这样拍出来的图片会因为光线过于刺眼而失真。

3.1.2 构图：用前景增加画面的层次感

对于一张照片来说，一个好的构图能增加照片的美感，尤其是在小红书平台，照片作为用户对该笔记的印象的首要影响因素，在笔记的引流方面起着十分重要的作用。因此，笔记的创作者要重视图片构图，并用良好的构图来使照片更加吸睛。

通常来说，小红书的打卡照都是在室内拍摄的，而室内场景没有室外那么空旷，但却拥有众多小物件，如家具、盆栽等。拍摄者如果能利用好这些细节感“爆棚”的小物件，将其作为前景，就能轻易拍出层次感丰富的照片。

图 3-2 所示为使用前景构图的打卡照片，过滤掉了场景中的多余元素，更加凸显人物主体。

图3-2 前景构图的打卡照片

在图 3-2 中可以学会两种前景构图的技巧，一种是自行布置符合场景氛围的前景（左图）；另一种是利用场景自带的细节作为前景（右图）。

★ 专 家 提 醒 ★

通过运用多种前景作为构图要素，能够使得画面更具层次感，也会让其他用户更能体会到照片带有的情绪，让照片更具故事感，增加图片感染力。

3.1.3　角度：拍美照这些角度你要学会

拍摄角度对于打卡照片的呈现效果也有极大的影响，角度不同，拍摄出来的成片也会有着很大的不同。同一个拍摄场景，变换一下角度就会直接影响画面的结构、情绪表达等，不同角度拍摄的照片意境也不尽相同。

那么，不同拍摄角度能带来怎样不同的拍摄效果呢？笔者认为，可以将其总结为图 3-3 所示的 4 点。

- 仰拍角度 → 可以有效避开景点或者打卡点的众多人群，拍摄出背景干净、精致的照片，拍摄人像时仰拍可以拉长人物线条
- 俯拍角度 → 俯拍角度可以纵观全局，用辽阔的视野拍摄出广大的场景，能拍摄出大气的照片
- 平视角度 → 平视角度是指相机与拍摄主体大致在一个水平线上，这种拍摄角度拍出来的照片不容易变形，更为方便
- 局部特写 → 局部特写适用于拍摄物件细节，或者是不愿意露脸的人，能拍摄出精致富有意境美的照片

图3-3　不同拍摄角度的区别

在小红书的打卡照片中，根据不同场景、不同出镜人物和物品及拍摄需求的不同，灵活选择拍摄角度能够让照片更具活力，吸引更多用户的眼球。图 3-4 所示为采用仰视（左图）和俯视（右图）角度拍摄出来的照片。

图3-4　仰视（左）与俯视（右）

可以很清晰地看到，对于同一模特，用不同角度拍出来的照片能给人带来完全不同的感受。

仰视角度拍摄的照片以高处的天空作为背景，更为简约干净，并且这个角度还能拉长模特的身体线条，使之更具时尚感。而俯视角度则以广阔的地面作为背景，给用户带来延伸的联想，并且拍摄出来的模特会更具备动感。

相比较而言，平视的角度拍摄照片会更加简单，对于设备、拍摄人员的技术水平等要求会不那么高。而局部特写要求意境感，对于拍摄设备的要求高，要求能清晰地拍摄出拍摄主体的细节。图 3-5 所示为用平视角度（左图）和局部特写（右图）拍摄的照片。

图3-5　平视（左）与局部特写（右）

在图 3-5 所示的两张照片中，平视角度拍摄的照片使得照片画面不容易变形，清晰地将主体与背景纳入照片中，并且对于拍摄者而言，平视是最简单的拍摄角度。局部特写模糊掉了背景，使得用户一眼就注意到画面中心的花朵，主体更为突出，将花朵细节全部展现给了用户。

3.1.4　动作："适合和真实感"最重要

不少人在拍摄真人出镜的照片时，都会遇到一个困扰，那就是不知道该如何摆动作，也不知道怎么拍更好看。这时出镜人物的动作就变得格外重要了，在拍照时摆出合适恰当的动作，往往能使照片更加吸睛，让人物与背景更为协调，给其他用户带来美的视觉享受。

小红书是一个社区分享类的购物平台，主打多元化与真实感，尤其是在打卡照中。因此，在拍摄照片时动作的“适合和真实感”最为重要。这里的“适合和真实感”指的就是“在合适的地方做合适的事”。

例如，在图书馆看书、在饭店吃饭、在菜市场买菜、在沙发上看书、对着镜子化妆等，出镜人物在场景中做出相应的动作，能够极大地提高照片的真实感，从而增强用户的代入感。

图 3-6 所示为模特在场景中做出合适的动作。模特在居家环境中摆出休闲的动作，如坐在沙发上看书、在梳妆台前化妆，营造出一种“适合和真实感”的氛围。

图3-6　“适合和真实感”的照片

★ 专 家 提 醒 ★

此外，还有一点需要注意，那就是在拍摄这种“适合和真实感”的照片时，并不一定要强求模特看镜头，模特紧盯镜头固然可以拍出好的照片，但模特不看镜头也可以使照片更加真实，营造出一种不经意间的故事感。

在照片中营造出一种“适合和真实感”，能够为其他用户带来沉浸式的体验，从而让网红 KOL 的景点或者其他安利更能为大众接受。

3.1.5　穿着：根据风格和色彩进行搭配

在小红书社区的打卡照中，出镜人物切忌穿着过于华丽、过于花里胡哨的服装，打卡照在某种程度上也是一种日常生活照片，因此，出镜人物的服装最好秉承简约、日常的原则，根据场景选择合适的服装。

那么，该如何根据场景选择合适的服装呢？一般来说，可以从色彩、风格、氛围这 3 个方面来讲，如图 3-7 所示。

- 色彩 → 让出镜人物穿着的服装与场景的基本颜色一致，如在浅色场景中穿着浅色系的服装
- 风格 → 根据场景的风格挑选穿着合适的服装，如在商务场景穿着简洁干练的服装，在节日场景穿着喜庆的服装
- 氛围 → 根据照片想要呈现出来的氛围穿着合适的服装，如想让照片更具青春气息，则穿着活泼的服装等

图3-7　根据场景选择合适的服装

有一点需要重点强调，在有些情绪片中出镜人物穿着的服装和场景不搭，但是这样却能传达出一种截然不同的情绪。例如，在热闹的环境中穿着颜色寡淡的服装，模特做出落寞的动作，传达出一种彷徨伤感的情绪。

因此，在拍摄小红书打卡照片的时候，出镜人物服装的选择可以根据场景来进行搭配，也可以根据要营造的某种氛围来搭配。总的来说，只要打卡照片中出镜人物的服装不要过于夸张华丽就好。图 3-8 所示为打卡照片中的服装选择，可以根据场景（左图）和氛围（右图）来选择服装。

图3-8　打卡照片中的服装选择

在根据场景选择服装搭配的照片中，模特根据活泼的运动场景选择颜色艳丽、花纹亮眼的服装；在根据氛围选择服装搭配的照片中，模特并未穿着与周围颓败场景一致的服装，而是选择了黑红撞色的连衣裙，更加凸显人物主体，传达出照片的故事感与氛围感。

3.1.6　道具：让人物更自然更有镜头感

对于大部分的人来说，拍照时面对镜头或多或少会有些不自在，不知道该怎么自然地摆出表情，甚至手足无措。此时，一个小小的道具就能很好地解决这种问题，根据场景、氛围选择道具类型，同样能拍出自然、吸睛的打卡照。

那么，拍照道具又是从何而来？

笔者认为，道具可以是自己携带的，也可以从拍摄场地中就地取材。不过拍照道具也要遵循“合适”的原则，最好能与场景和照片氛围融洽地结合在一起，如雨天的伞、晴天的遮阳帽、野餐时的篮子、咖啡厅里的饮料等。

图 3-9 所示为在拍摄中使用道具，使得人物更加自然，更有镜头感，能为其他看到的用户带来沉浸式的观看体验。

图3-9　使用道具拍摄照片

这两张照片很好地运用了道具，左图中的模特使用相机拍照，休闲的穿着打扮与周围环境十分和谐；而右图则始终贯穿居家休闲这一主题，从模特的穿着造型到环境的搭建和道具的使用，无不向用户传达出休闲居家的氛围，模特运用薯片这一道具，自然而又具备真实感。

3.2 封面设计：让你的封面颜值“爆表”

封面图片相当于小红书笔记的门面，一个好的封面图片能够吸引更多用户点击查看你的笔记，因此，学会如何设计制作出一个好的封面是十分有必要的。

3.2.1 封面图的 5 种表现形式

小红书的封面图可谓是多姿多彩，各有千秋。如果想让自己的笔记在众多笔记中脱颖而出，被更多人看到，就需要对封面图有一个全面的认识。小红书社区中的封面图有如下 5 种表现形式。

（1）纯色 + 文字

纯色 + 文字的封面图片能够给用户带来舒适的阅读体验，并且纯色背景上的文字一般都是对笔记内容的概括，这种简洁明了的排版模式更能吸引用户，让自己的小红书主页更为统一。

图 3-10 所示为使用纯色 + 文字的小红书笔记封面图。

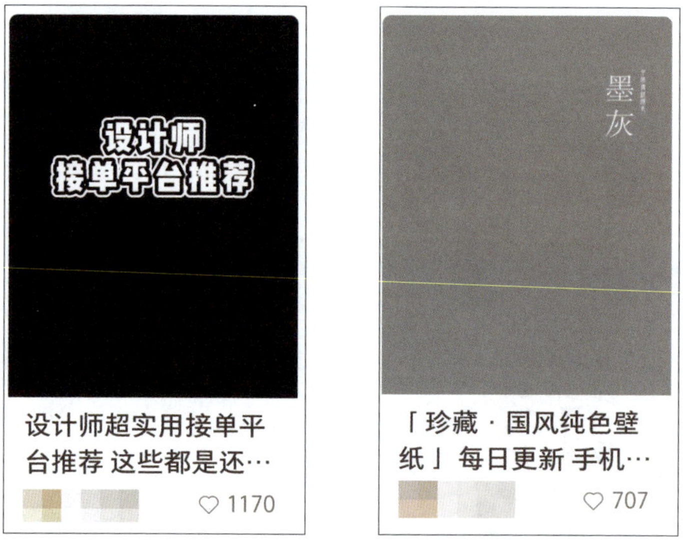

图3-10　纯色+文字的封面图

纯色 + 文字的封面图类型比较适合干货类的分享笔记，在纯色的封面背景中用放大的文字点明笔记主题内容，让用户一看就能知道笔记中的主要内容。

这种封面形式的制作比较简单，而且小红书笔记的创作者还能根据笔记内容选择封面颜色，例如，当笔记的内容比较活泼时，可以选择比较鲜亮的颜色，如红色、黄色、橙色等；而当笔记内容比较严肃时，则可以选择颜色较深的冷色调，如灰色、深蓝色、褐色等。

（2）单图特写 + 文字

单图特写 + 文字其实与纯色背景 + 文字的形式差不多，都是用一张背景图打底，再用放大的文字展现笔记标题。这种单图特写 + 文字的封面形式经常被用来作为干货分享类笔记的封面，如图 3-11 所示。

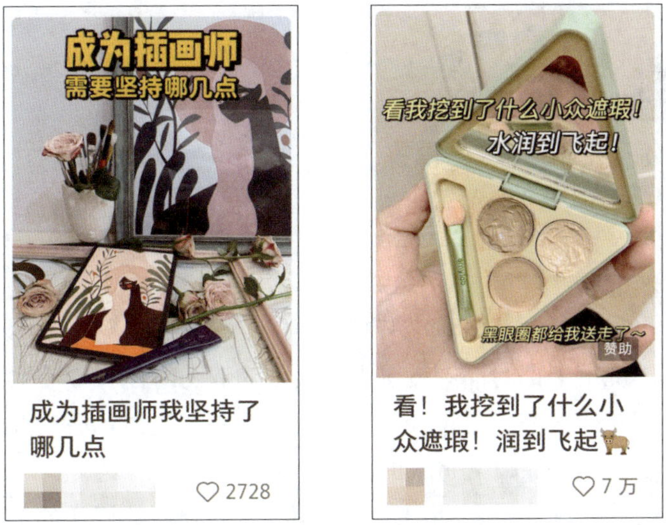

图3-11　**单图特写+文字的封面图**

与纯色背景相比，单图特写的背景在小红书社区中被运用得更多一点。笔记的创作者自由选择封面图片，图片有的是自己手绘的画，有的是自己拍摄的照片，还有的是自拍。

创作者在这些图片中添加标题文字，让笔记的封面既不会像纯色封面那样单调，也不会让封面图片显得过于杂乱。

★ 专家提醒 ★

单图特写的封面图片需要创作者认真选择，让图片与笔记的内容、风格氛围等大致相符，从而使笔记整体更加和谐。

（3）双图对比 + 文字

小红书社区的双图对比 + 文字的封面图片一般适用于产品安利的笔记中，通过展示产品使用前后的不同效果，展现出产品的良好性能。在小红书 App 中，双图对比的封面图片经常被 KOL 用来向其他用户“安利”护肤品、化妆品等。

图 3-12 所示为使用双图对比 + 文字的小红书笔记封面。

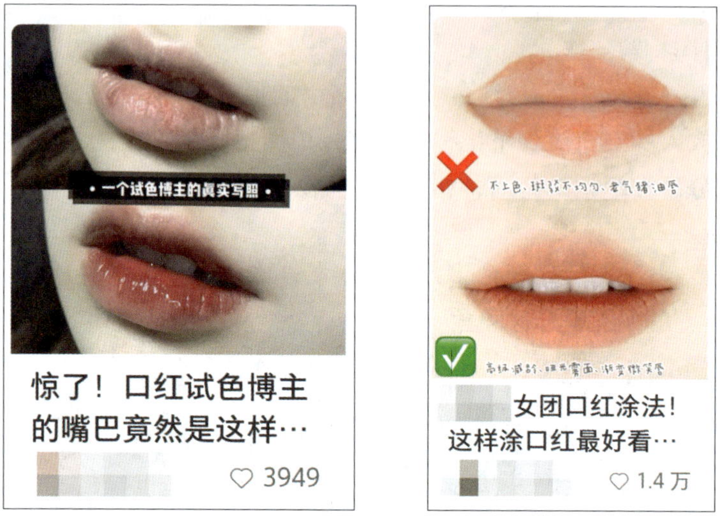

图3-12　双图对比+文字的封面图

上面两张小红书笔记封面图就是十分典型的双图对比 + 文字的形式，两篇笔记内容都是向用户“安利”美妆产品，不过一个是通过展示涂口红前后对比，另一个则是展示不同手法涂口红带来的不同结果。

这种双图对比 + 文字的封面图片能给用户带来强烈的视觉冲击，从而更加直观地了解到产品的性能与效用，在产品种草、展示学习成果等方面有不可忽视的重要作用。

（4）4 图展示 + 文字

4 图展示 + 文字的形式也是小红书中常用的一种封面形式，通常网红 KOL 博主们用其来“安利”化妆品、护肤品。

值得注意的是，4 图展示的功能与双图对比 + 文字的形式一致，都是通过展示产品的效用，让用户对产品有一个更加清晰的认识。

此外，这种类型的封面形式也可以多图展示自己的作品，让用户对笔记内容有一个大概的了解，从而帮助笔记的创作者精准地吸引到对自己擅长领域感兴趣的粉丝，在某种程度上，这样也能极大地提高粉丝黏性。

（5）多图合成 + 文字

多图合成 + 文字的封面形式在小红书中同样被广泛使用，通常被用来展示某产品的同一系列，展示不同品牌的同类型产品，或者是展示笔记创作者的多个作品，通过对比，让其他用户更为直观地了解自己感兴趣的内容。

图 3-13 所示为使用多图合成 + 文字形式的小红书封面。

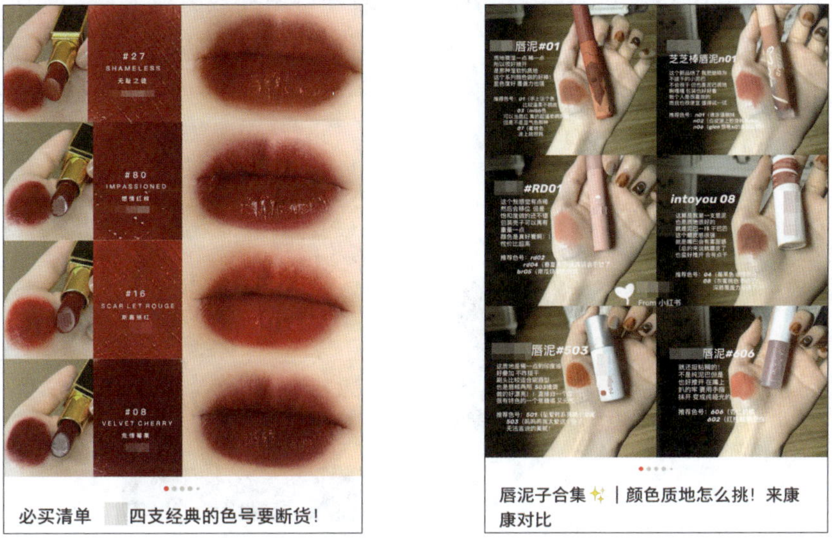

图3-13　多图合成+文字的封面图

在图 3-13 中，可以很清楚地看到左图是对同品牌不同产品的展示，网红 KOL 向粉丝“安利”该品牌中值得购买的口红色号；右图是网红 KOL 展示不同品牌的同类产品，并向粉丝“安利”在那些品牌中值得购买的唇泥色号。

★ 专家提醒 ★

值得注意的是，多图合成 + 文字的形式很容易让封面图片显得杂乱无章，此时就很考验创作者的图片配色能力和图片拍摄能力，尽量让自己的封面在多图的同时又能井然有序地展现出笔记内容才是上上之策。

3.2.2　掌握黄油相机的 8 大功能

黄油相机是小红书 KOL 常用的作图软件之一，其操作简单，制作出来的图片具备文艺清新的效果，与小红书的基本调性相符，因此受到了许多用户的青睐。

在小红书账号的运营中，一个文艺清新的画面风格可以吸引到许多用户的关注，所以，掌握黄油相机的使用技巧是十分有必要的。

（1）布局和模板

在黄油相机 App 中，其布局功能主要有两个，一个是画布比功能；另一个是背景功能。

在画布比功能中，创作者可以根据需要调整画布的比例，小红书社区常用的图片比例是 3 ∶ 4，所以，在编辑图片时，最好将图片裁剪成 3 ∶ 4 的比例。在背景中，黄油相机 App 为用户提供了许多背景图，同样可以根据选择自行选取，不过笔者建议选择简单的背景图。图 3-14 所示为黄油相机 App 的画布比和背景功能。

图3-14　黄油相机App的画布比和背景功能

此外，黄油相机 App 中还提供了不少模板，创作者可以直接选用，通过套用模板快速制作出好看的封面图，如图 3-15 所示。

图3-15　黄油相机App的模板功能

（2）滤镜和参数

黄油相机 App 的滤镜功能很强大，操作简单。小红书笔记的创作者在做图的时候可以选择自己喜欢的滤镜，调节相应参数，使图片更加美观。此外，黄油相机的有些模板中也有滤镜，使得作图操作更为便捷。

（3）加字和贴纸

加字功能是黄油相机中被使用得最多的功能，尤其是在小红书的笔记中，创作者大多会在图片中添加文字，使得“安利”效果更为显著。黄油相机中少女风、文艺风、可爱风等不同风格的贴纸也有很多，能为照片添色。

图 3-16 所示为黄油相机 App 的加字和贴纸功能。

图3-16　黄油相机App的加字和贴纸功能

（4）画笔和遮罩

黄油相机 App 的画笔功能可以让创作者自由选择笔刷，根据需要对图片进行涂鸦。遮罩功能可以让文字巧妙地隐藏在人物主体背后，这一功能需要开通会员才能使用。

3.2.3　手把手教你做一张封面图

上述已经介绍过小红书社区中常见的 5 种封面图片，创作者可以根据自己的需要选择合适的封面类型。一般来说，封面图片只要做得美观，符合小红书 App 的调性，就能吸引用户的目光。下面介绍如何使用黄油相机 App 制作一个美观的封面图片。

（1）背景图片的选择

在大多数情况下，背景图片主要有 3 个来源，一是自己拍摄的照片；二是黄油相机中的背景图片；三是自己手绘或者后期制作的图片。

（2）加字、加贴纸

为封面加字和贴纸可以让图片显得更具有活力，更加适合以年轻用户为主的小红书 App。不过需要注意的是，作为封面图片，添加的字最好不要用过于细小的字体，这样容易让其他用户无法获知笔记中的内容，从而错失笔记。

3.2.4 如何打造笔记内容图片

其实不管是封面图片还是内容图片，创作者在掌握黄油相机的基础功能与简单操作后都能快速上手，制作出美观的图片。

仅有一点需要注意的是，小红书笔记的内容图片最好与笔记的文字内容相互呼应，并且添加的字和贴纸不要过大，用比较细小的字体，不喧宾夺主还会更加美观，带来更好的视觉效果。

3.3 图片设计：涨粉引流离不开好看的图片

小红书社区的笔记内容以图片输出为主，可以说，小红书社区的笔记文字都是对图片内容的阐述和扩写。因此，知道好用的图片设计软件，掌握必备的图片设计技能都是很有必要的。

3.3.1 3 个软件轻松做出漂亮图片

“工欲善其事，必先利其器”，掌握一些好用的作图软件可以让你轻松做出漂亮的小红书图片。

一般来说，操作简单又符合小红书清新文艺风格的作图软件有 3 种：黄油相机、PicsArt 美易和青柠手账。

（1）黄油相机

上述介绍了黄油相机的功能与使用方法，这里不再赘述。相比其他作图软件，黄油相机最为显著的优势就是其贴图与加字的功能。黄油相机加字功能的字体与贴图的图片都十分可爱，如果要做护肤品的“安利”与分享，不妨试试黄油相机 App。

（2）PicsArt 美易

PicsArt 美易 App 是一款手机照片编辑美化软件，操作简单，滤镜效果很棒，双重曝光是其独特之处。如果创作者想与其他用户分享穿搭类的笔记，PicsArt 美易就是一个不错的选择。图 3-17 所示为 PicsArt 美易的页面及其主要功能。

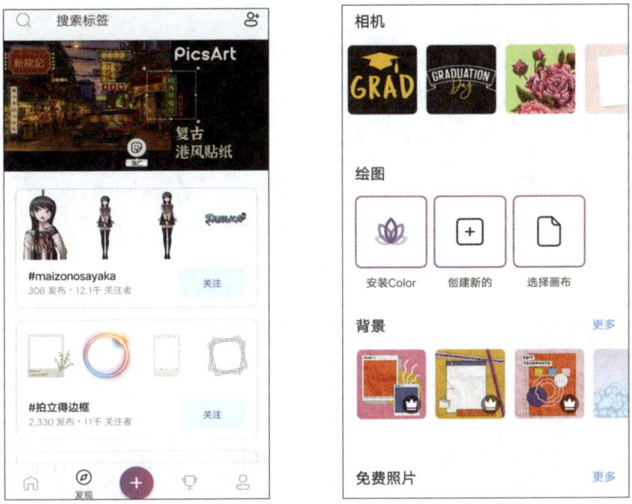

图3-17 PicsArt美易的页面及其主要功能

（3）青柠手账

青柠手账，顾名思义就是一个专门做手账的图片编辑 App，其中漂亮的任务贴图十分具有特色，如图 3-18 所示。

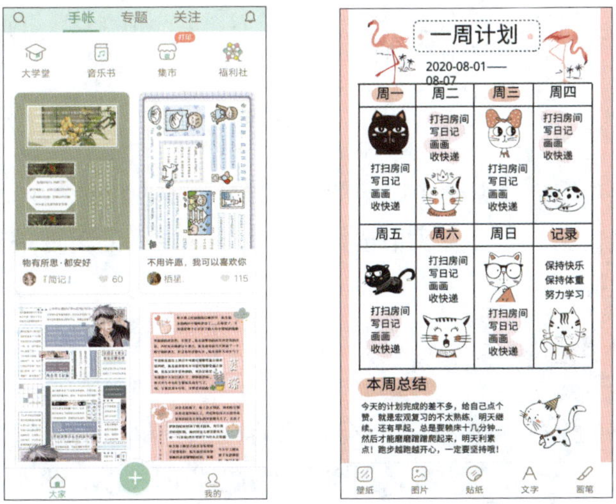

图3-18 青柠手账的页面及其主要功能

青柠手账的主页专题与主要功能都是围绕着手账这一主题，因此，如果创作者想与其他用户分享学习计划、一周计划等内容，不妨试试青柠手账，简单快捷地制作精美手账图片。

3.3.2 多图背景下首图是最重要的

图片是小红书笔记最重要的输出手段，如果想在小红书平台成为一名KOL，那么掌握一定的图片处理能力是十分有必要的。

在小红书社区，一篇笔记最多只能添加9张图片，为了让笔记内容更加丰富，网红KOL一般都会在笔记中添加6～9张图片，在这种情况下，首图的重要性不言而喻。此外，小红书发布的图片尺寸只能是正方形或3∶4，需要创作者格外注意。

那么，如此重要的首图中可以有哪些内容？笔者将其概括为图3-19所示的4点，供大家参考。

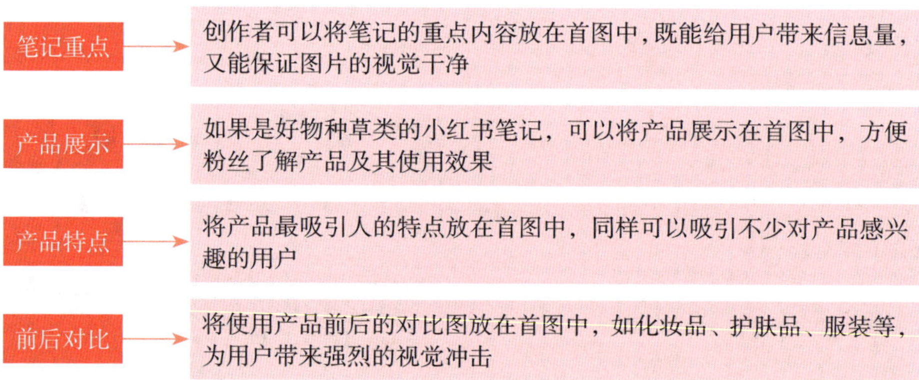

图3-19　首图中的内容

不过笔记的首图内容并不是固定的，也不是一定要用图3-19中的4种内容，创作者可以根据自己的需要及风格选择首图内容。首图的美观是十分重要的，需要创作者重点把握。

3.3.3 个性化的内容更容易被记住

对于小红书的KOL来说，个性化的内容往往是最吸引人的内容之一，因此在笔记图片中输出个性化的内容，更容易吸引用户的关注。此外，个性化的内容能为KOL塑造一个鲜明的人设，区别于同质化的“网红打卡”，从而让你的笔记独树一帜。

那么，该如何让自己的笔记更具个性？笔者认为，可以从内容风格、图片设计、产品呈现这 3 个层面来体现。在长期的小红书账号运营中塑造鲜明的个人风格，让自己的小红书笔记很难被人大批量复制，从而保证个人账号的独特性。

图 3-20 所示为小红书上某位 KOL 发布的笔记。

图3-20　个人风格强烈的小红书笔记

可以看到，这位网红 KOL 发布的笔记具有很强的个人风格，都是颜色鲜艳温暖的手绘水彩图，并且博主还将绘画的图片与真实照片进行对比，生动有趣地与粉丝分享自己的生活。

★ 专 家 提 醒 ★

不难发现，这位 KOL 绘出现实场景的小红书笔记很难被大规模复制，首先需要一定的绘画基础；其次博主独特的绘画风格也是很难被人复制的。

3.3.4　融入小红书内图片流行元素

这种图片设计方式说直白一点就是“蹭热度”，在自己的图片中融入当前小红书平台热门的元素，如某个滤镜、某个字体、某张贴图等。

一般来说，热门元素自带流量，小红书笔记的创作者积极地在自己的笔记图片中加入热门元素，打上热门标签，可以更容易吸引用户的目光。

那么，在小红书中该如何找到热门元素呢？可以通过首页推荐内容中的相关标签来找到。图 3-21 所示为从首页推荐中的笔记中找到的近期热门标签。

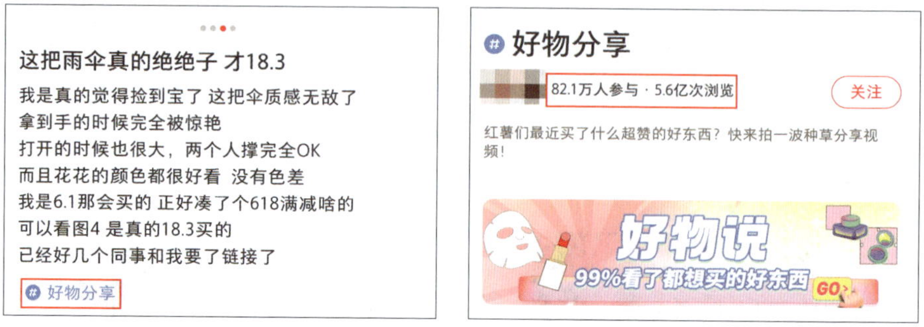

图3-21　小红书的热门标签

需要注意的是，根据小红书的推荐机制，在笔记发布的半小时之内，点赞超过几十就是热门笔记，小红书平台会给予热门笔记一定的流量倾斜。此外，小红书一篇笔记中最多只能有 10 个标签，因此，找到适合自己笔记的、热门的标签十分重要。

3.3.5　制作个人介绍图片吸引粉丝

个人介绍的图片适合放在笔记最后一页，用来吸引粉丝关注你的小红书账号，达到引流的目的。个人介绍图最好与账号风格相符，详细地介绍自己及账号。图 3-22 所示为一位 KOL 的个人介绍图片。

图3-22　个人介绍页

在个人介绍页中，创作者可以运用上文中提过的图片编辑美化 App 来让个人介绍图更美观，还可以在图中加入自己的照片，更好地向用户介绍自己与自己运营的小红书账号。

3.3.6　注意小红书用图的一些雷区

在小红书社区，官方账号多次发布“不推荐笔记防雷指南”这种规则，“踩雷”的小红书笔记会被官方限流、删除，甚至会导致账号被封。

那么，怎样的小红书笔记内容用图容易“踩雷”？笔者将官方提示进行总结，概括为图 3-23 所示的 3 点。

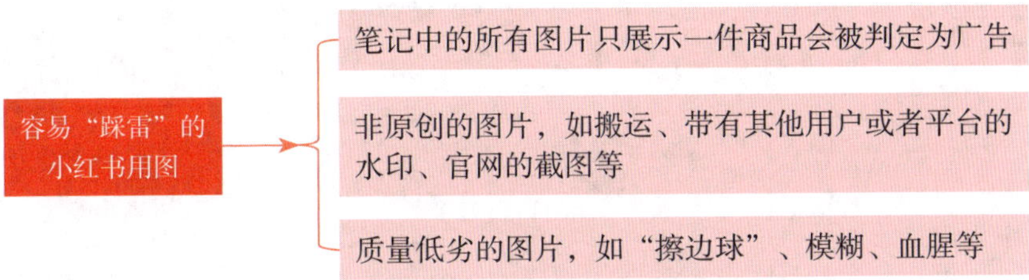

图3-23　容易“踩雷”的小红书用图

★ 专家提醒 ★

需要注意的是，即使是创作者认证身份成为了品牌合作人，也不能直接使用品牌方提供的广告图片直接发布笔记，必须用自己的原创图片，小红书平台格外重视真实。

第 4 章

标题文案：直接套用提升 100% 打开率

学前提示

不管是在什么平台，也不管发布什么样的内容，一个好的标题都能极大地提高自己小红书笔记的被打开率，让用户被你的笔记吸引，从而愿意点击查看你的笔记，甚至愿意关注你的账号。因此，学会如何拟写标题文案是十分重要的。

要点展示

※ 标题策划：小红书的标题文案如何写

※ 爆款标题：顶尖带货博主达人都在用

4.1 标题策划：小红书的标题文案如何写

截至 2021 年，小红书社区的月活跃用户已超 1 亿，其中女性用户占比超过 90%，“90 后”用户更是占绝大部分。毫不夸张地说，小红书 App 就是一个专属于年轻女性的“种草”平台，受到各大商家的青睐。

因此，各大网红 KOL、商家企业也需要根据小红书 App 的调性，撰写出迎合广大用户喜好的标题文案。

4.1.1 笔记的标题重点在前 10 个字

在任何一个平台，文案标题都是重中之重，需要创作者和运营者牢牢把握。一般来说，能在小红书社区众多种草文案中脱颖而出的文案，其标题都是十分吸睛，能抓住用户眼球的。

在小红书社区，标题的字数不能超过 20 个字符，因此，如何运用好这 20 个字，吸引更多的用户成为小红书笔记创作者需要重点关注的问题。但是一般来说，用户在首页推荐中刷小红书笔记时，如果笔记标题的字数过多，往往不能全部显示出来。

图 4-1 所示为小红书社区首页出现的笔记，可以看到过长的文案标题没有完整地显示出来。

图4-1　小红书首页的笔记标题

既然过长的标题不能完整地显示，那么创作者该如何撰写文案标题，让自己的笔记更加吸睛呢？笔者认为，不妨将文案标题的重点放在前 10 个字上。标题中的前 10 个字是一定能完整显示出来的，如果这 10 个字足够吸睛，那么这篇小红书笔记的浏览量就一定不会差。

在图 4-1 中，创作者就是将文案标题的撰写重点放在文案的前 10 个字上，如左图中的“骗子”和右图中的“半年”“没瘦”，用这样的字眼吸引用户，使得自己的小红书笔记的点赞量超高。

4.1.2 标题中必须包含关键字

虽然小红书社区的内容输出以图片为主，但标题的重要性不可小觑。标题是对笔记内容的总结与概括，用户在小红书使用搜索功能搜索自己感兴趣的内容时，标题会影响用户的搜索结果。

因此，如何在标题中使用关键字，让用户搜索时能够看到你的笔记，提高曝光率，是创作者和运营者需要重点关注的要点。

在标题中必须包含关键字，如“瘦身”“变美”“打卡”“夏日”“文艺”等都是小红书的热门关键字。此外，在首图中添加标签，为笔记添加话题，同样也能提高笔记的曝光率。

图 4-2 所示为小红书社区在标题中添加关键字，在首图中添加标签，又在笔记中添加话题的热门笔记。

图4-2　小红书社区的热门笔记

可以看到，在这篇分享自己看书心得的笔记中，创作者在标题中加入“沉浸式读书”这样的关键字，在首图中加入“用有限的生命追逐知识”热门标签，最后又在笔记中添加“晒晒我的书桌”话题，极大地提高了笔记的曝光度。

4.1.3　加入语气符号和语气助词

在标题中适当加入语气符号和语气助词，例如，在“安利”类的笔记中，使用较多的是感叹号“！”，用夸张的语气来为用户“安利”好物，能够极大地感染用户情绪，从而促使用户下单购买自己“安利”的好物。

不过需要注意的是，语气符号和语气助词的使用不能过于频繁，否则会让用户觉得 KOL 过于浮夸，从而产生不靠谱的印象。因此，如何正确地使用语气助词，让笔记标题看上去更加活泼，从形式上抓住用户的眼球。

图 4-3 所示为小红书中的两篇热门笔记，它们都在文案标题中使用了语气助词。

图4-3　在文案标题中使用语气符号

可以看到，在左图中的笔记中运用了 icon（图标、图符）符号，醒目的红色更加吸睛；而右图的笔记则运用多个感叹号“！”加强语气，让用户能够感受到创作者的激动心情。

因此，在小红书笔记中运用 icon 符号和语气符号，能够提起用户的兴趣，从而被创作者的热情感染。

4.2 爆款标题：顶尖带货博主达人都在用

标题对于小红书笔记来说是不可忽视的一部分，可以这么理解，若是笔记的标题没有具有吸引用户的效果，那么整篇笔记一定不会被用户点击查看。所以，对于小红书笔记来说，标题是非常重要的，下面介绍各种常用的小红书笔记标题。

4.2.1 颠覆认知型：让用户不可思议

颠覆认知型的命题重点如下：与大众普遍认同的观点相异，甚至看到的用户可能会觉得不可思议，颠覆了其习以为常的认知。例如，《改了两个版本就成功融资 1500 万元，这款产品是如何做到的？》的标题，只是更新了两个版本就能融资这么多，这与人们日常生活的经验违背，用户看到之后，就会想点击看是如何做到的。

在进行颠覆认知型标题构思时，小红书笔记的创作者需要思考 3 点，第一点是你的标题是否会让用户产生思考；第二点是你的标题是否会引发用户的好奇心；第三点是你的带货标题是否会让用户产生购买的欲望。

图 4-4 所示是小红书社区中一篇运用了颠覆认知型标题的笔记，《看了美白笔记有些就是……》这样与众不同的标题吸引了许多用户点击观看。

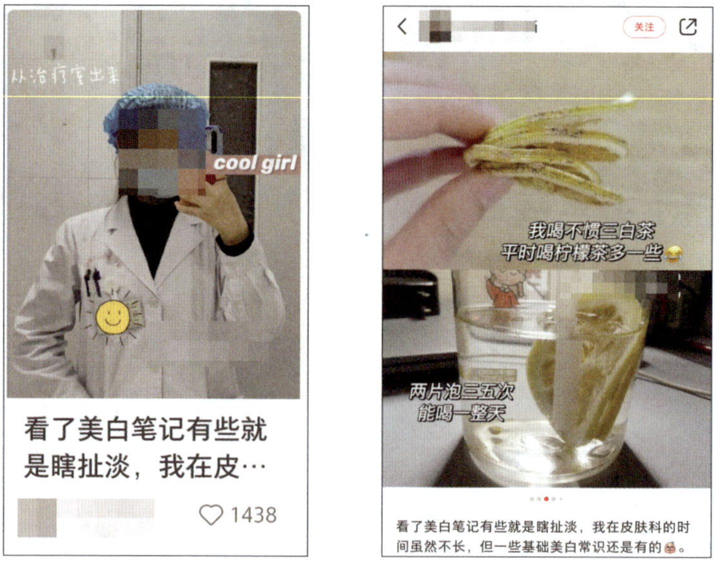

图4-4　运用颠覆认知型标题的笔记

4.2.2　热点借势型：自带流量轻松吸睛

热点借势型的命题重点主要是利用时下热点话题或者热门人物。热点借势型标题的优势在于可以因为热点而获得更多的流量，从而提高营销推广的转化率。

一般来说，热点事件本身拥有一大批关注者，而且传播的范围也会非常广，小红书笔记的标题借助这些热点就可以让用户轻易地搜索到该篇笔记，从而吸引用户去阅读笔记里的内容，以及购买 KOL 推荐的产品。

那么，在创作借势型标题时应该掌握哪些技巧呢？笔者认为，可以从 3 个方面来努力，如图 4-5 所示。

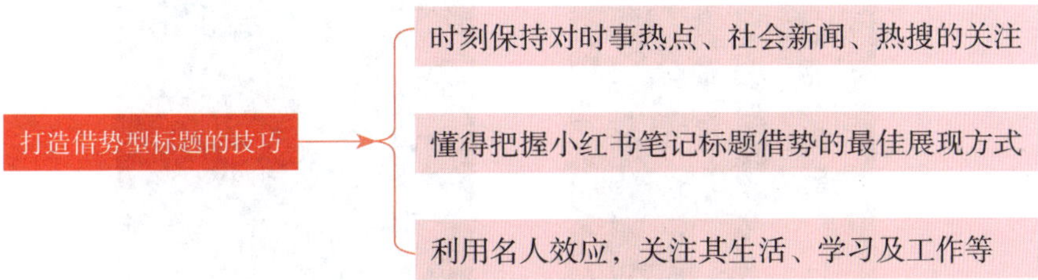

图4-5　打造借势型标题的技巧

图 4-6 所示为小红书的 KOL 借用当前十分火爆的“618”京东年中大促活动发布的笔记，运用的是十分典型的借势型标题。

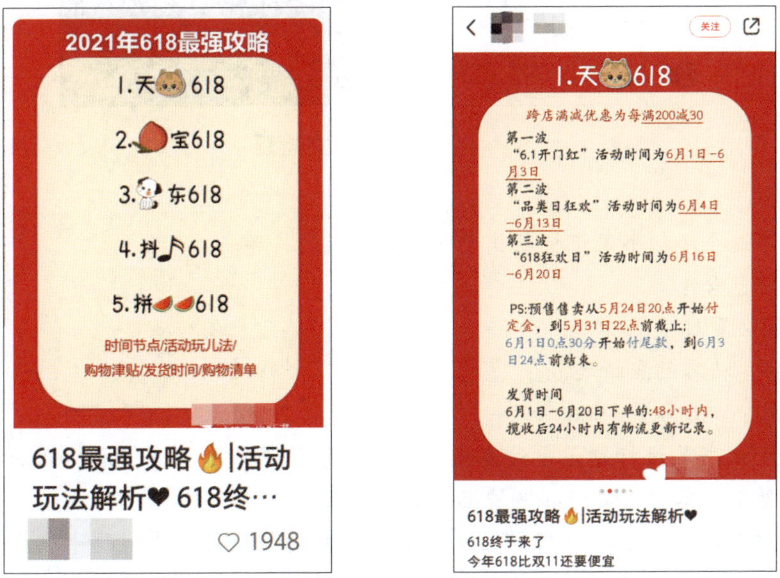

图4-6　借势型标题

4.2.3 一本正经型：形式正规更加权威

一本正经式标题一般都是比较正规的，就像新闻一样，能给人一种值得信赖的感觉，这类小红书笔记标题在小红书社区比较少见。一本正经式标题有单行、双行等多种形式，只要清楚描述时间、地点、人物、事件等几个基本的要素即可。

一本正经式标题具备新闻标题的特点，有一定的权威性，所以，经常出现在企业官方账号发布的笔记中。

图 4-7 所示为 YSL（圣罗兰）企业官方账号在小红书社区发布的笔记，运用的标题是一本正经式的标题。

图4-7　一本正经式的标题

★ 专 家 提 醒 ★

分析：这个小红书笔记标题属于一本正经式的标题。

标题中包含：

· 时间：夏日；
· 事件：妆容的点睛之笔；
· 主角：YSL 方管 1966。

这个小红书笔记标题是单纯点出了时间、事件等基本要素，看起来简单却十分权威，这就是一本正经类小红书笔记标题的要点。

需要注意的是，在小红书社区，一本正经式的笔记标题出现得十分少，大部分是企业官方账号发布的。作为普通人的 KOL，要根据实际情况来选择是否采用一本正经式的标题，避免得不偿失。

4.2.4　经验分享型：分享经验传授知识

在小红书社区中，经验式标题特别受用户喜爱，因为用户都是以带有目的性的姿态去阅读小红书笔记的，想在笔记中吸取某一方面的经验与总结。

撰写经验分享型的小红书笔记对创作者的逻辑性要求很高，通过对大量文章的阅读对比，以及生活中的经验总结，给用户一个眼前一亮的效果，让他们在读过之后尽量少走弯路。

图 4-8 所示为小红书中经验分享型的笔记标题。

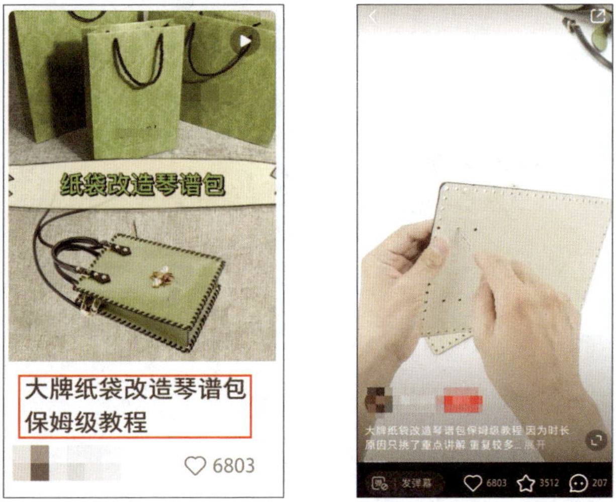

图4-8　经验分享型的笔记标题

★ 专 家 提 醒 ★

分析：这篇小红书视频笔记就属于经验分享型笔记，运用的标题也是经验分享型的标题，通过这个标题我们就能知道创作者在这篇视频笔记中就是为用户介绍纸袋改琴谱包的做法，并向用户推广材料包。

再来看一则经验分享类的小红书笔记标题示例，如图 4-9 所示。

在这篇小红书笔记中，创作者向用户介绍短发打理的方法，并推广宣传好用的护发产品。这个经验分享类的标题就很好地戳中了用户的痛点，“高级感”“睡醒”这两个词语的使用，更加吸引用户的目光，让为短发发型问题困扰的用户眼前一亮。

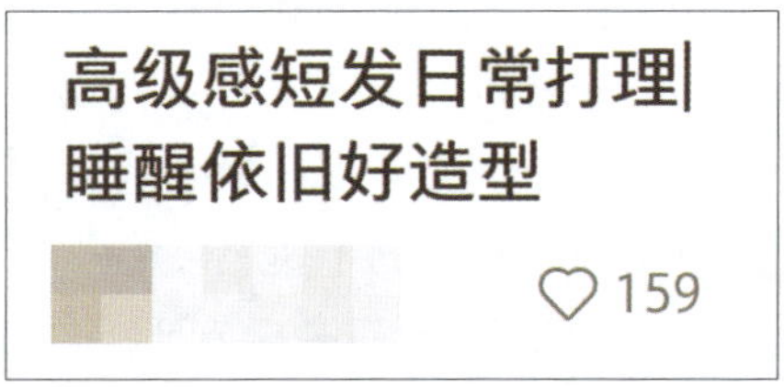

图4-9　经验分享类笔记标题

4.2.5 疑问型：自问自答为用户解惑

疑惑自问式标题又称问题式标题、疑问式标题。问题式标题是知识式标题与反问式标题的一种结合，以提问的形式将问题提出来，但用户又可以从提出的问题中知道小红书笔记的内容是什么。

一般来说，问题式标题有 6 种公式，小红书笔记的创作者只要围绕这 6 种公式撰写问题式标题即可，如图 4-10 所示。

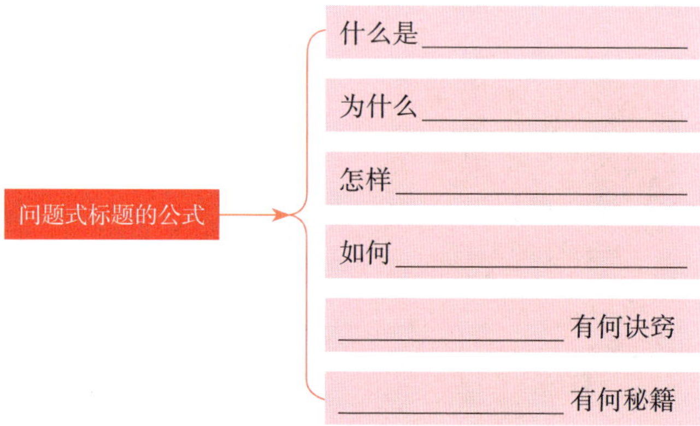

图4-10　打造疑问式标题的公式

★ 专家提醒 ★

在疑问式标题中，创作者对相关问题发表自己的疑惑，然后在正文内容中进行详细解答，或者将有争议的问题留给用户，让他们自己解答，这种标题内容形式，可以极大地吸引用户点击查看你的小红书笔记，在某种程度上也是一种提高笔记曝光率的好方法。

图 4-11 所示为小红书社区中几篇使用疑问式标题的笔记，大致能够概括使用疑问式标题的几种情景场合。

第一篇笔记的《有没有好穿的高跟鞋推荐啊》标题显然是提问其他用户的疑问式标题，这样的标题形式能极大地增加 KOL 与用户之间的互动。

第二篇名为《淘宝时，如何通过模特动作判断买不买》的小红书笔记显然是一篇干货分享类内容，疑问式标题的笔记，KOL 教用户在淘宝购买好物、“淘”到物美价廉商品的干货。

第三篇名为《95 后女生对二手商品接受度有多大》的笔记则是记录生活类的小红书笔记，KOL 记录并分享自己在生活中购买二手商品的心得体会。

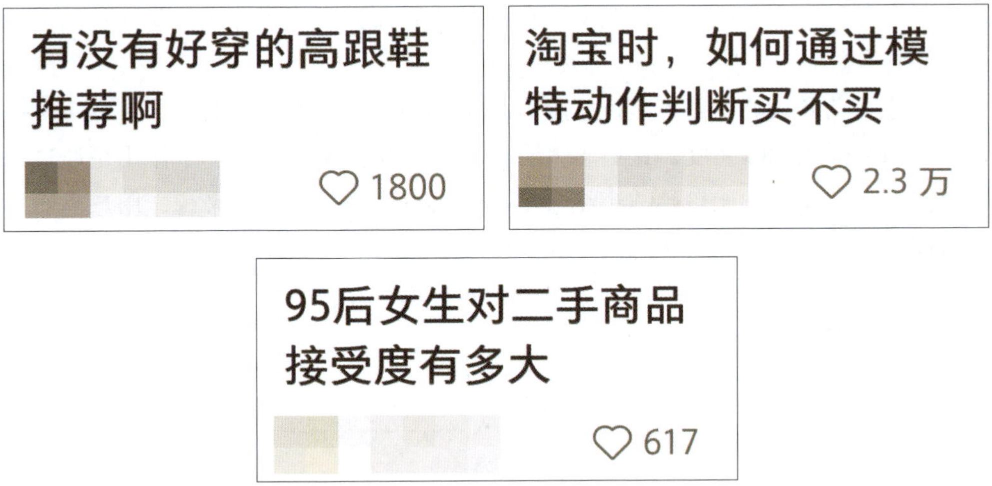

图4-11　疑问式标题案例

4.2.6　对比凸显型：凸显出产品特色

对比凸显型标题是通过与同类产品进行对比，来突出自己产品的特色优势，加深用户对产品的认识。下面来欣赏对比凸显式小红书笔记的标题，如图 4-12 所示。

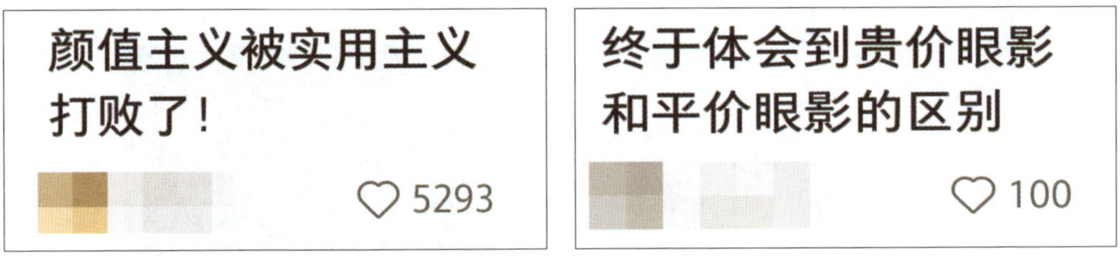

图4-12　对比凸显型标题

★ 专 家 提 醒 ★

对比凸显式标题还可以加入悬念式标题的手法，能更加凸显出商品的特色，吸引用户的注意力，这样的小红书笔记标题既用了对比，又有悬念，很符合当代小红书用户的口味，如《为何别人躺着能赚钱，而“我”却要上班？》等。

4.2.7　论述观点型：阐述观点说服用户

所谓论述观点型标题，是以表达观点为核心的一种小红书笔记标题撰写形式，一般会在标题上精准到人，这些人可以是明星或者在某方面具备经验的权威人士。

这类小红书会将人名放置在标题上，在人名的后面会紧接着补充对某件事的个人观点或看法。

论述观点形式的小红书笔记标题有两个作用，一个作用是通过名人效应，提升品牌知名度或者曝光度，让更多人看到自己发布的笔记；另一个作用是通过引用权威人士的发言，让自己的小红书笔记更具有说服力。一般来说，用户更愿意相信权威人士或者知名品牌的发言。

在论述观点型的小红书笔记标题中，同样也有几种常用公式可供广大运营者和创作者套用，如图 4-13 所示。

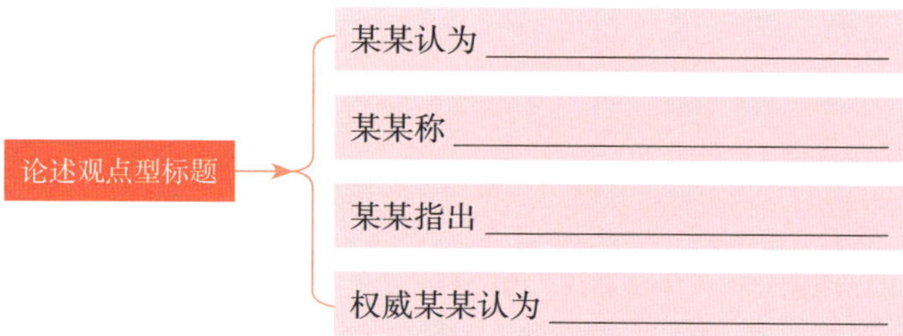

图4-13　论述观点型标题的常用公式

图 4-14 所示为小红书社区中运用论述观点型标题的笔记，得到了众多用户的青睐，他们对于专家的话表示更加信服。

图4-14　论述观点型的笔记标题

在这篇小红书笔记中，创作者首先在标题中摆出了教育专家的身份，又在视频封面中说明自己是“30 年教龄老师”，这样一来，视频笔记中的内容就更加具有说服力了。

4.2.8　统计冲击型：为用户带来视觉冲击

统计冲击型标题又称数字冲击型标题，就是在标题中数明具体的数据的小红书笔记标题形式。

一般来说，数字对人们有强烈的视觉冲击效果，一个巨大的数字能与人们产生心灵的碰撞，很容易让人产生惊讶之感，人们一般都会通过数字得知数字背后的内容。小红书笔记标题的数字可以是产品的价格、产品数量、产品起效时间等。

图 4-15 所示为运用了统计冲击型标题的小红书笔记。

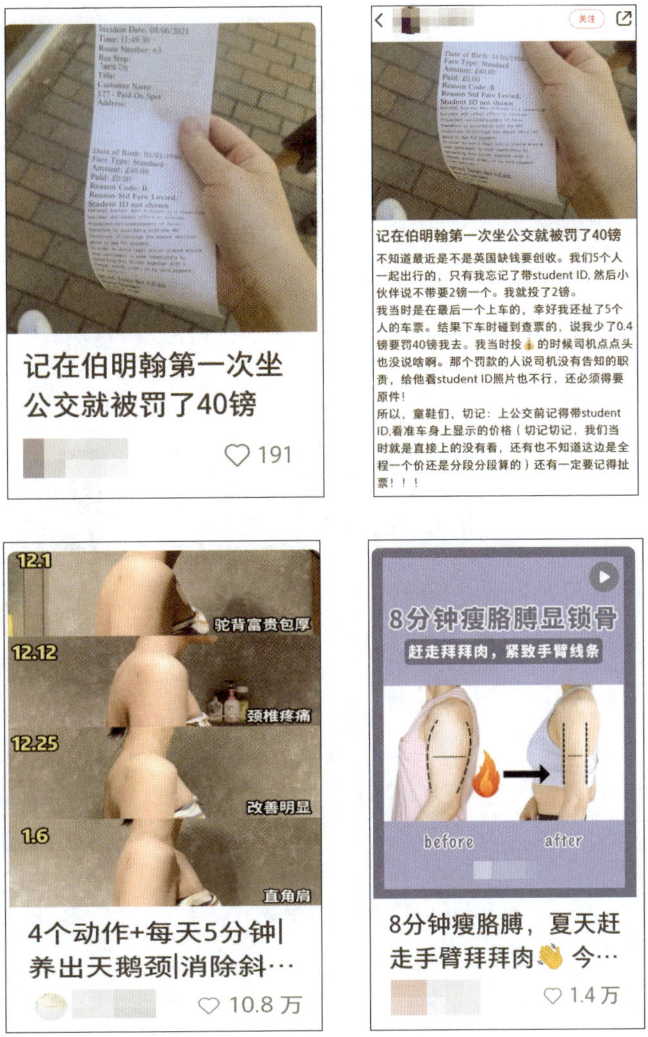

图4-15　统计冲击型标题

第一篇运用的数字是金钱，通过 40 镑这样的金钱来吸引用户眼球，让他们产生好奇：究竟是做了什么被罚款这么多。这就告诉创作者们，在撰写小红书标题时，可以通过使用大额或者极少的金钱来吸引用户的注意，让他们对笔记内容产生好奇。

后面两篇笔记则是通过使用时间来吸引用户眼球的。此外，创作者还在首图中通过前后对比，来展现他们发布内容的可行性，同时让用户想要跟着学习，在极短的时间内取得较大的改变。

4.2.9　扣住“十大”型：提高笔记影响力

所谓扣住“十大”型标题，就是指在标题中加入“10 大”“十大”之类的词语，如《暑假十大旅游热门城市》《2020 年十大好书推荐》《那些能玩上一天的十大网站》等。

一般来说，这种类型的标题有图 4-16 所示的 3 个主要特点。

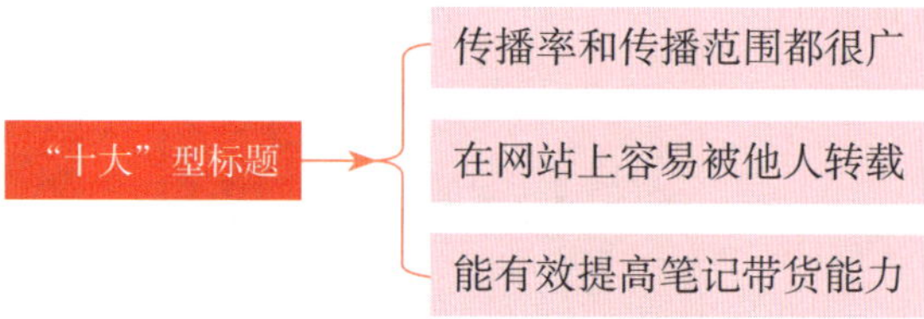

图4-16　“十大”型标题的特点

用好“十大”型标题，能够使小红书笔记吸引更多用户的关注。图 4-17 就是运用了“十大”型标题的小红书笔记，可以看到，有不少用户都为这篇小红书笔记点赞，表达他们的青睐。

图4-17　“十大”型标题

4.2.10 网络词汇型：与时俱进妙趣横生

网络词汇型软文标题，就是将网上比较流行的字眼嵌入小红书笔记的标题中，让用户一看就觉得十分有新意，并且愿意去点击查看笔记的内容。

图 4-18 所示为运用网络词汇的小红书标题，文章内容与时俱进，让用户感到妙趣横生。

图4-18　网络词汇型标题

★ 专家提醒 ★

"绝绝子"为当前热门网络词汇，形容某物、某人在外表或某方面很棒，"很绝"，让人为之赞叹。

"凡尔赛"又称"凡学"，本意是指法国凡尔赛宫，后成为网络语言，用来形容"精神贵族"。

第 5 章

种草文案：月销百万元带货文案创作技巧

学前提示

种草文案是小红书社区中流量变现环节至关重要的一环，一个好的种草文案能够使用户的目光聚集在你的产品上，从而实现用户到消费者的转型，实现流量的快速变现。本章将为大家详细阐述种草文案怎么写，并介绍一些种草文案的话术。

要点展示

※ 种草本质：只为更精准俘获人心

※ 种草攻略：让产品深入人心

※ 种草话术：牢牢抓住用户的心

5.1 种草本质：只为更精准俘获人心

在互联网背景下，各种信息呈现碎片化的特点，用户的注意力被众多碎片化的信息分散，很难聚集在一起。此时，网红 KOL 在小红书社区进行商品种草，其本质就是为了将用户分散的注意力聚集在一起，从而实现带货的目的。

5.1.1 圈层种草：不尝试讨好所有人

可以说，所有的商品都有其适用的用户圈层，例如，健身器材适合健身人员，女性会对化妆品、护肤品等给予更多关注，绘画爱好者则对画材更加青睐……

因此，在进行商品营销，撰写相关种草文案的时候，不要尝试让所有人都因为你的笔记内容种草产品，而是要让笔记吸引产品目标用户的注意。

图 5-1 所示为小红书 KOL 发布的种草笔记，根据她的文案内容，不难发现她并没有试图讨好所有人，而是将种草重点放在产品能“修护肌肤屏障”的特性上，并吸引“干敏皮”的用户下单购买。

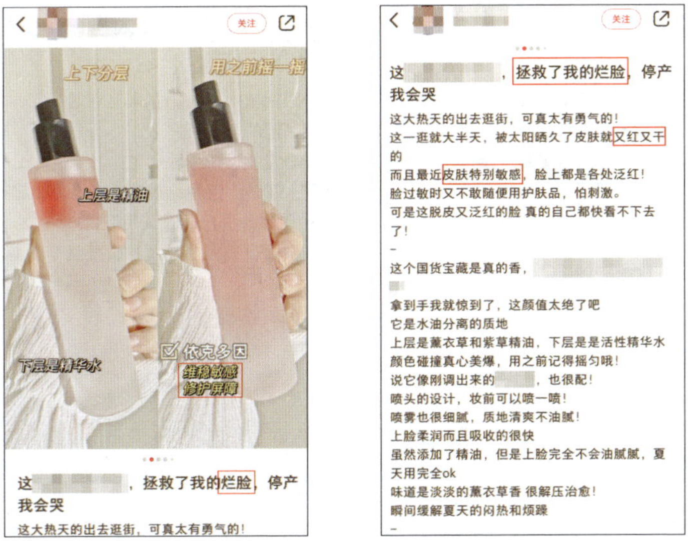

图5-1　KOL圈层种草

这种圈层明确的小红书种草文案，能更为精准地吸引目标群体。此外，如果所有的产品都将目光放在大众需求上，那么这件产品就需要与市面上繁多的品牌竞争，此时你的产品想要脱颖而出，可能就需要花费大量的人力、物力，有时甚至可能会得不偿失。

但是如果将产品的目标种草人群放到某一小众圈层，如某件画材将目标用户定为绘画初学者、某口红色号专为黄黑皮打造、某粉底液添加养肤成分等，这些产品都是在市场上激烈的竞争中谋求出路，并将目标消费者缩小至某一圈层，实现了产品销量的再升级。

种草文案也是如此，在文案中突出强调产品的某一特点，并将这一特点作为产品卖点展现给目标圈层，从而增加产品的种草成功概率。

图 5-2 所示为小红书社区中的一些种草文案，可以看到，这些文案都是将产品特点作为卖点，向特定圈层种草。

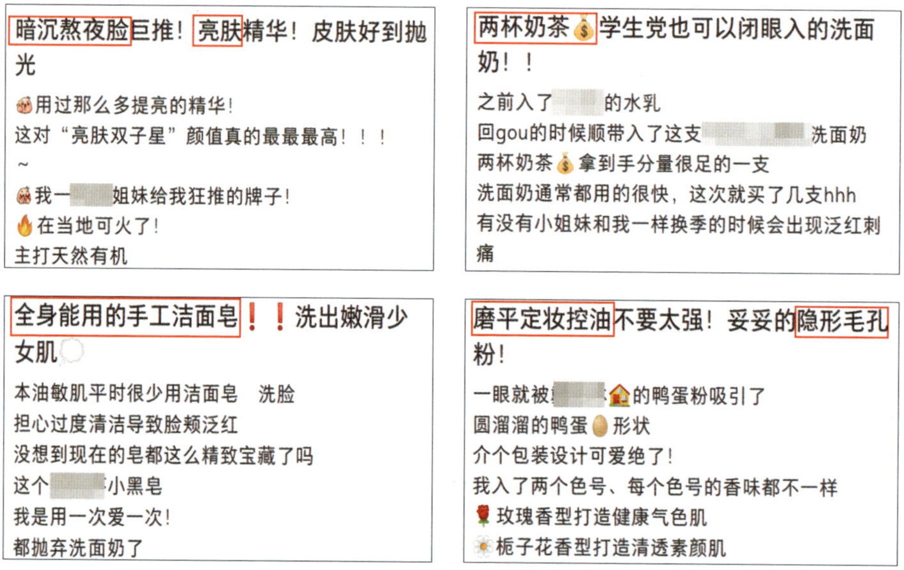

图5-2　小红书种草文案

★ 专 家 提 醒 ★

实际上，将目光锁定在某一小众圈层，在某种程度上还能避免与市面上的大牌产品竞争，小众人群会更关注产品的品质而不是品牌，这样能大大减少品牌的竞争压力，增加营销的成功概率。

5.1.2　说人话：建立信任促进成交

一篇成功概率很大的小红书种草笔记不仅需要视觉效果良好的图片与笔记，感染力极强的种草文案也是十分重要的。那么，什么样的种草文案才算好的种草文案，能够感染用户呢？

一般来说，带有名人效应、有霸屏趋势、能够横向测评产品等的种草文案更容易吸引用户的目光。

名人效应是指在小红书的种草文案中添加“×× 同款”“×× 也在用”等关键字，吸引用户眼球，并提升用户的信任感。图 5-3 所示为小红书 KOL 发布的运用了名人效应种草文案的小红书笔记。

图5-3　运用名人效应种草文案的小红书笔记

霸屏趋势是指众多网红 KOL 共同种草“安利”某款产品，使其推广达到刷屏的效果，关键词有“所用网红都在用”“今年超火的……”等，如图 5-4 所示。

图5-4　霸屏趋势的小红书种草笔记

横向测评需要网红 KOL 使用多款产品，并在大量产品的横向对比中选出最好的一款，这样的种草文案能够让用户更加信服。图 5-5 所示为横向测评选出最优好物的小红书种草笔记。

图5-5　横向测评的小红书种草笔记

★ 专家提醒 ★

由此，我们不难发现，要想让自己的小红书种草笔记的文案更具感染力，需要在文案中“说人话”，运用话术将能够吸引用户的点列出来，运用以上技巧，让用户相信你的产品是好用的、靠谱的，从而让他们乐意下单购买产品。

那么，如何“说人话”？

很简单的一个方式就是寻找网红 KOL，让他们为产品做广告，让用户对你的产品记忆深刻。此外，在文案中详细介绍产品优势，优势可以从原料供应、生产链、供应链、产品获奖等方面来说，这也是一种提高用户信任度，增加营销成功概率的好方法。

5.1.3　产品价格：不是卖更便宜的产品

笔者认为，在小红书的种草营销中，并不是越便宜的产品就越能收获用户的好感。虽然在所有的营销推广中，价格都是其核心内容，但是有时候产品的价格越便宜，反而会让用户对产品的质量产生怀疑，担心产品的功效或者哪方面不达标。当产品价格过于昂贵，质量又配不上价格时，影响的是产品及其品牌的口碑，还有产品的后续营销。

所谓营销种草，绝对不是卖更便宜的产品，让用户对你的产品品质产生担忧；也不是卖昂贵的产品，影响品牌的口碑。我们要卖的是物有所值，价格与产品品质相匹配的产品。

在小红书的文案撰写中，笔者认为 PMF（Product Market Fit，市场契合度，即产品和市场的匹配度）是基础；产品的类目有偏好，并不是所有的产品都适合拿来做种草，如矿泉水，普通的矿泉水确实没有做种草营销的必要；价格是核心，价格是洞察用户需求，实现产品变现的有效渠道。

图 5-6 所示为小红书 KOL 推荐产品。

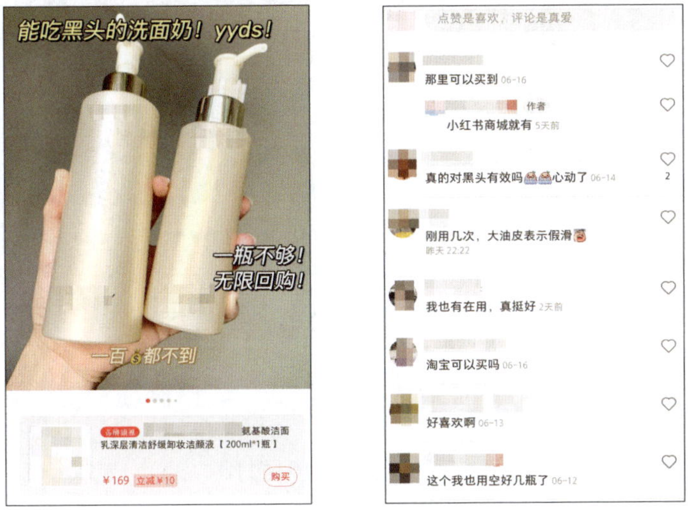

图5-6　小红书KOL推荐产品

可以看到，在这篇小红书笔记中，网红 KOL 推荐的产品并不便宜，可用户就是愿意下单购买。这件产品找到了它正确的价格，用户觉得产品是物有所值的，愿意为之付出相应的价格。

因此，在进行种草营销时，并不是说要去卖更便宜的产品，而是要找到用户的心理预期价格，找到他们愿意花费的价格。

5.1.4　直击痛点：让用户对你记忆深刻

撰写营销种草文案有一种行之有效的方法，那就是让自己的文案直击用户痛点，让他们对你的文案记忆深刻。

那么，什么是痛点？

痛点是指用户某种未被满足的需求，并且因为这种需求没有被满足，用户对之产生了某种负面情绪。实际上，痛点的本质就是没有被满足的刚性需求，也就是指用户真正在意，亟待解决的问题。

因此，当你的小红书种草文案能够直击用户痛点，解决他们的某种需求时，就能让用户对你的文案记忆深刻，如图 5-7 所示。

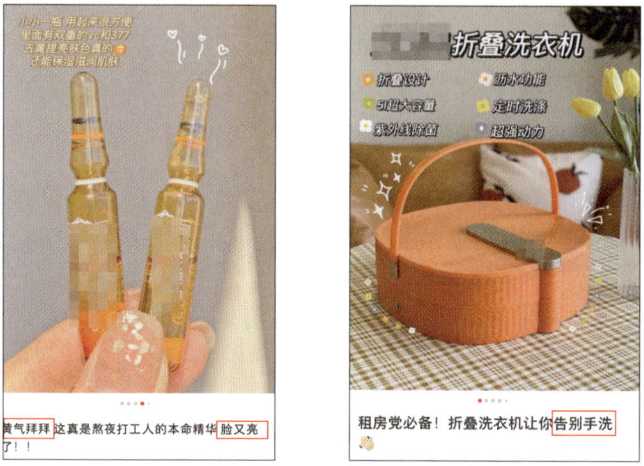

图5-7 直击用户痛点的小红书文案

5.1.5 内容“有料”：吸引用户注意

内容“有料”的小红书文案，能够瞬间引爆用户的注意力，让他们对你的笔记及产品产生好奇，如图 5-8 所示。

图5-8 内容“有料”的小红书文案

在进行种草营销时，必须面对一个现实——没有人喜欢看广告文案。因此，撰写种草文案的关键就是要内容“有料”，“有料”的内容能够吸引用户的注意力，至少能让他们“看”广告。

那么，怎么才能使自己的笔记文案“有料”呢？

笔者认为，可以从图 5-9 所示的 5 个方面来做，让自己的种草文案“有料”，引爆用户注意力。

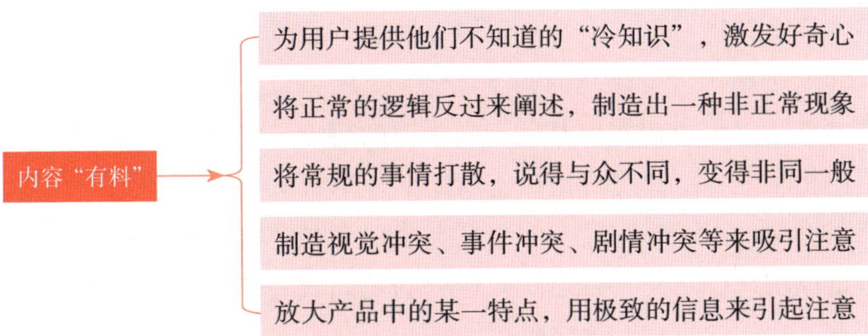

图5-9　内容“有料”的5个方法

在图 5-8 所示的小红书种草文案中，KOL 就是运用“为用户提供冷知识”的方式来引爆用户注意力的，KOL 详细地告诉用户如何用 50 元购买到 8 件大牌产品。

5.1.6　善用比较：制造新的消费需求

善用比较的种草文案就是指小红书的 KOL 通过将自己要种草安利的产品与市面上其他同款产品或竞品等进行比较，用直观的方式将二者的优劣展现在用户面前，突出自己要安利的产品在某方面的优势与特点，从而实现用户向消费者的转变。

对比营销在小红书社区的常见表现形式为测评类笔记，这种笔记可以帮助用户“货比三家”，让用户买得更加放心。

5.2　种草攻略：让产品深入人心

不管是什么种草，其最终的目的都是要让用户对你的产品记忆深刻，让你的产品能够深入人心。虽然在你的种草中，用户可能没有下单购买产品，但是只要他们对你的产品有了印象，就算是一场成功的营销了。

5.2.1 精准区分：确定自己的种草对象

确定自己的种草对象，实际上就是确定产品的目标用户、小红书种草笔记的目标读者，以及愿意为之花钱的目标消费者。那么该如何精准区分目标群体，明确区分自己的目标群体，实现产品的有效种草呢?

首先，可以根据小红书官方数据平台——千瓜数据提供的用户画像来确定自己的用户定位，例如，小红书的用户觉得大部分是位于一、二线城市的“90后”年轻女性，那么在这一平台上针对年轻女性的产品就会更有市场。

其次，可以挖掘自身产品的特点优势，并将特点优势与用户群体相匹配。例如，普通的鸡胸肉可以挖掘出其低卡高蛋白的特点，将其与健身爱好者和有减脂需求的用户相匹配，从而更好地确定产品的种草对象。

图 5-10 所示为 KOL 在发布的小红书笔记文案中明确种草对象，挖掘产品的特点，将目标用户确定为“社恐”人群，向他们大力种草产品，从而大大提高了产品的销量，让不少用户都为之种草。

图5-10 明确种草对象的小红书笔记文案

5.2.2 情绪共振：与用户产生情感共鸣

情绪共振是指在笔记文案中插入主观情绪，并用富有感染力的语言来使用户产生情感共鸣。一般来说，用户会对这种能够感染个人情绪的文案更加记忆深刻，并愿意为之花钱。

图 5-11 所示为小红书 KOL 利用情绪共鸣为用户种草产品，用户被 KOL 的情绪感染，纷纷在评论区中留言。

图5-11　情绪共鸣的小红书笔记文案

那么该如何在小红书笔记文案中插入个人主观情绪，并使之感染用户呢？笔者认为，可以从以下几个方面来考虑：

1）从生活中的小事入手，让用户产生认同感。

2）批判某件事，如批判社会中某件不合理事件，让用户对你产生信任感。

3）反击生活中遇到的不公正待遇，增加用户的代入感和爽感。

4）为处于困境中的用户提供鼓励和援助，例如，鼓励用户回家过年、鼓励用户早起、鼓励用户摆脱拖延症等。

因此，要想让用户产生情感共鸣，需要营造出一个生活中常见的场景，接着在这一常见的场景中提出用户存在的某种困难，可以是不公正待遇、不合理事件等，并为这些困难提供解决方法，可以是批判、反击，也可以是鼓励、援助。这样既能提高用户对你和产品的信任度与好感，还能打动用户，实现情感共鸣，从而对产品销售大有裨益。

5.2.3　打造卖点：更好地卖出产品

在为产品打造卖点的过程中，并不一定要将目光聚集在产品的结果上，可以重点呈现产品的过程，这个过程可以是产品的生产过程、产品的起效过程、产品的购买过程等。

那么，该如何将目光聚集在过程中打造卖点？笔者认为，可以从呈现事实、对比和假定这 3 个方面来考虑。

呈现事实是指在文案中将产品的优势通过某个具体的事实呈现出来，例如，说一件衣服质量好，就给用户看看衣服质量到底有多好。

呈现对比有两种表现方式，一种是呈现产品使用前后给用户带来的对比，另一种是呈现出产品与其他产品的对比，通过对比来表现出产品卖点，吸引用户购买。

呈现假定就是为用户“假定”一个产品的场景，并构建出一个在该场景中使用产品的情景，实际上这也是在戳中用户的痒点，引导用户自行感受到产品卖点。

图 5-12 所示为小红书 KOL 为用户构建出一个使用场景，将营销重点聚集出酒店时收到的赠品上，使得文案更加吸引人。

图5-12　KOL推荐产品

这样的种草笔记对于用户来说更具吸引力，仿佛是自己亲身试用产品一样，会有一种身临其境的代入感，从而对产品更加渴望。

5.2.4　产品故事：用讲故事的方法种草产品

用讲故事的方法种草产品，是指在产品和品牌的种草文案中为其添加一个故事，这个故事可以是感人至深的爱情故事，也可以是温暖人心的亲情故事，还可以是能为人带来鼓舞的“正能量”故事……

这些故事为你的产品和品牌增色不少，能在某种程度上拉近用户与产品之间的距离，让用户对你的产品亲近不少。此外，一个有内涵深度的产品或品牌故事，还能为其增添历史人文气息。

那么，该如何为产品讲故事呢？笔者认为，可以从主题聚焦、情感诉求和大众认同这 3 个维度来讲故事。

1）主题聚焦是指为自己的产品故事拟定一个故事主题，决定自己的故事要表达什么样的观点，并去掉其中不必要的观点。例如，某产品的故事决定的主题是“产品质量好”，那么就需要在故事中突出“质量好”这一主题。

2）情感诉求则需要在产品故事中包含情感诉求这一因素，与用户产生情感共鸣，能够轻松激发用户的购买欲，使产品的种草文案发挥其效用。

3）大众认同是指创作出来的产品和品牌故事需要符合社会大众的认知，因此，需要故事是符合现实、不带有魔幻主义的，其中故事情节最好能给人带来美的享受，不要有令人不适的情节。

图 5-13 所示为小红书 KOL 在种草安利产品时运用品牌故事来吸引用户，取得了良好的成效。

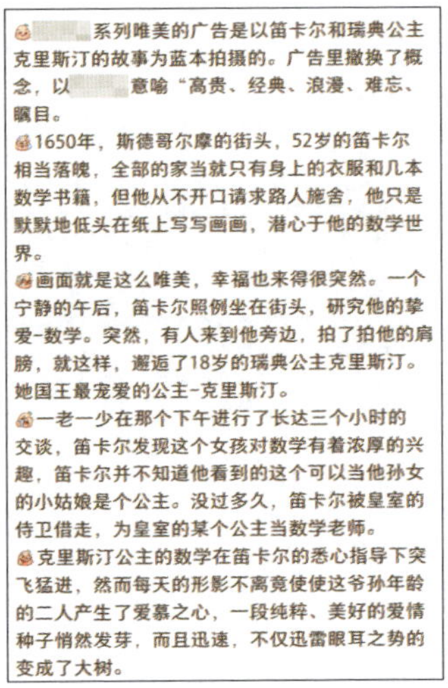

系列唯美的广告是以笛卡尔和瑞典公主克里斯汀的故事为蓝本拍摄的。广告里撤换了概念，以　意喻“高贵、经典、浪漫、难忘、瞩目。

1650年，斯德哥尔摩的街头，52岁的笛卡尔相当落魄，全部的家当就只有身上的衣服和几本数学书籍，但他从不开口请求路人施舍，他只是默默地低头在纸上写写画画，潜心于他的数学世界。

画面就是这么唯美，幸福也来得很突然。一个宁静的午后，笛卡尔照例坐在街头，研究他的挚爱-数学。突然，有人来到他旁边，拍了拍他的肩膀，就这样，邂逅了18岁的瑞典公主克里斯汀。她国王最宠爱的公主-克里斯汀。

一老一少在那个下午进行了长达三个小时的交谈，笛卡尔发现这个女孩对数学有着浓厚的兴趣，笛卡尔并不知道他看到的这个可以当他孙女的小姑娘是个公主。没过多久，笛卡尔被皇室的侍卫借走，为皇室的某个公主当数学老师。

克里斯汀公主的数学在笛卡尔的悉心指导下突飞猛进，然而每天的形影不离竟使使这爷孙年龄的二人产生了爱慕之心，一段纯粹、美好的爱情种子悄然发芽，而且迅速，不仅迅雷眼耳之势的变成了大树。

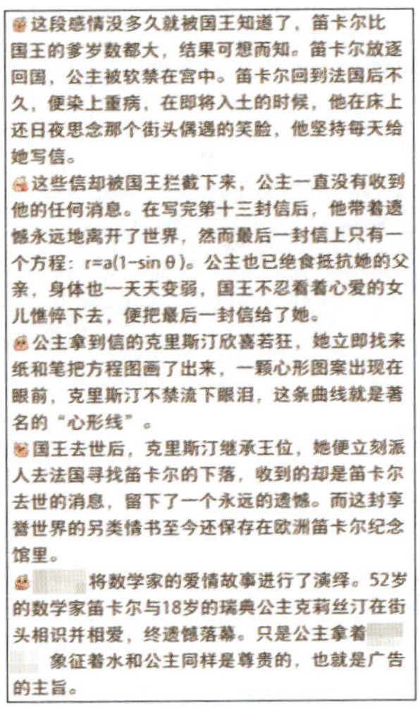

这段感情没多久就被国王知道了，笛卡尔比国王的爹岁数都大，结果可想而知。笛卡尔放逐回国，公主被软禁在宫中。笛卡尔回到法国后不久，便染上重病，在即将入土的时候，他在床上还日夜思念那个街头偶遇的笑脸，他坚持每天给她写信。

这些信却被国王拦截下来，公主一直没有收到他的任何消息。在写完第十三封信后，他带着遗憾永远地离开了世界，然而最后一封信上只有一个方程：r=a(1-sin θ)。公主也已绝食抵抗她的父亲，身体也一天天变弱，国王不忍看着心爱的女儿憔悴下去，便把最后一封信给了她。

公主拿到信的克里斯汀欣喜若狂，她立即找来纸和笔把方程图画了出来，一颗心形图案出现在眼前，克里斯汀不禁流下眼泪，这条曲线就是著名的“心形线”。

国王去世后，克里斯汀继承王位，她便立刻派人去法国寻找笛卡尔的下落，收到的却是笛卡尔去世的消息，留下了一个永远的遗憾。而这封享誉世界的另类情书至今还保存在欧洲笛卡尔纪念馆里。

将数学家的爱情故事进行了演绎。52岁的数学家笛卡尔与18岁的瑞典公主克莉丝汀在街头相识并相爱，终遗憾落幕。只是公主拿着　象征着水和公主同样是尊贵的，也就是广告的主旨。

图5-13　用讲故事推销产品

5.2.5　转移视线：让用户关注自己而不是产品

有的商家在撰写种草文案时往往会产生这样的疑问：我已经挖掘出了产品的卖点，做好了用户定位，为什么写出来的种草文案却只能吸引到很少的用户呢？面对这种情况，笔者认为，不妨试着转移用户视线。

转移用户视线是指将用户的视线从产品转移到他们自己身上，让他们更加关注自己。此时，可以为用户设定两个“自己”——一个理想状态下的“自己”，一个现实状态下的“自己”，并让这两个“自己”产生偏差，从而让用户想要去下单购买产品，来减少这二者之间的偏差。

实际上，这种让用户关注自己的种草文案就是在为用户制造焦虑，让他们购买产品，改变自己。例如，在推销某化妆品时，可以为其构建一个理想中的“喝着下午茶的精致女人”和现实中的“灰头土脸焦头烂额的上班族”，并让二者产生强烈对比，诱使用户购买产品。

图 5-14 所示为小红书 KOL 在笔记文案中运用话术让用户更加关注他们自己。

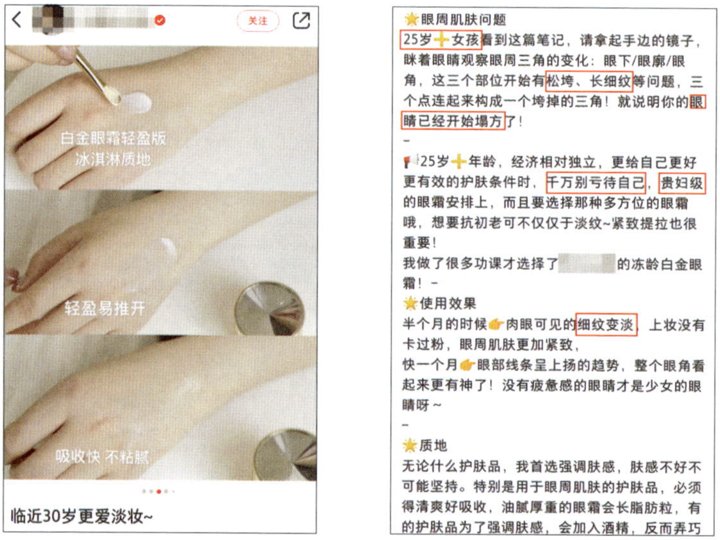

图5-14　让用户关注他们自己

5.2.6　制造冲突：戳中用户爽点

制造冲突，顾名思义就是在文案标题中制造对立冲突的事件，为用户带来某种刺激，从而使用户对小红书文案记忆深刻。具体来说，种草文案中的冲突有图 5-15 所示的两点表现，大家可以根据这两点表现撰写出合适的冲突性标题。

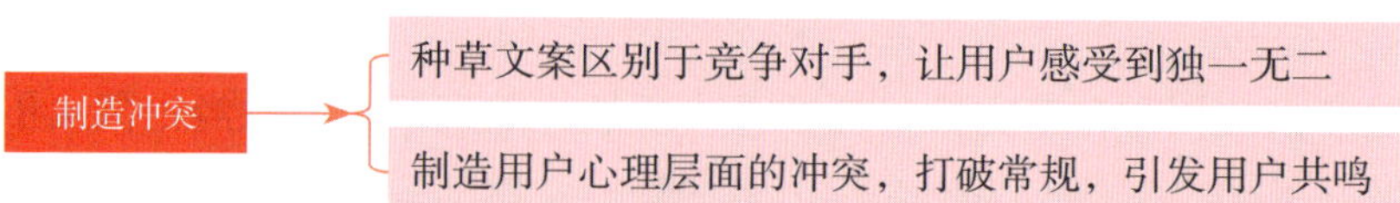

图5-15　在文案中制造冲突

因此，在种草文案中制造冲突，就需要商家撰写出来的文案独一无二，能够区别于其他产品，还能够颠覆用户心中以往的某个观点，从而让用户感到震惊的同时又引发用户共鸣。

5.2.7　购买理由：用户为什么买你的产品

为用户提供一个正中下怀的购买理由，需要提前了解用户的购物需求，满足用户的购物需求实质上也是在满足商家的卖货需求，满足 KOL 的带货需求。

那么，该如何为用户提供购买理由，了解用户的购物需求呢？

笔者认为，了解用户的购物需求，就是要了解用户想要买什么，以及用户想拿产品做什么，商家企业再“对症下药”。总的来说，为用户种草他们需要的东西，比说服用户购买其他产品容易得多。

图 5-16 所示为 KOL 给用户购买产品提供充足的理由。这位 KOL 在笔记标题中直接点明了这件产品是为有“补水”需求的用户准备的，使得自己的种草事半功倍。

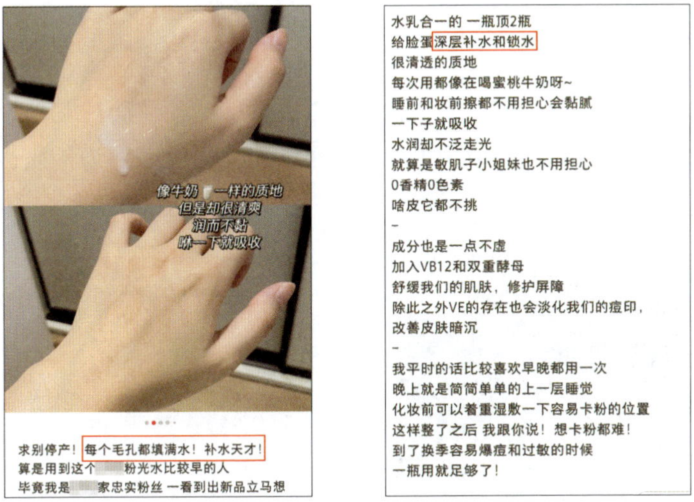

图5-16　为用户提供购买产品的理由

5.3　种草话术：牢牢抓住用户的心

在小红书的种草文案中，运用一定的话术不仅可以达到卖货的目的，甚至还能吸引用户的注意，从而让网红 KOL 赢得众多粉丝，商家后续的产品宣传与种草更为顺利。

5.3.1 因果逻辑：养成良好的思维惯性

一个良好的因果逻辑能让你的小红书种草文案更具有说服力，尤其对于想要达成流量转化的种草文案而言，其逻辑性更是十分重要，可以说得上是必备利器。

那么，该如何使得自己的小红书种草文案更具逻辑性？笔者认为，需要事先理清逻辑的 3 个要点，如图 5-17 所示。

逻辑的要点

- 有结论：如为用户提供使用产品后总结出的结论
- 有理由：如为什么使用产品、为什么推荐这一产品
- 理由与结论之间有因果关系，例如，因为使用感受好，所以向用户推荐这一产品

图5-17　逻辑的3个要点

5.3.2 现身说法：用用户的反馈让用户信服

现身说法实际上是让使用过产品的用户提供反馈，从而让其他用户对其有一个更加全面的了解，而且其他用户会对这种反馈类的内容更为信服，他们也会更愿意通过用户反馈来了解产品。图 5-18 所示为用户在小红书社区反馈产品。

图5-18　在小红书社区反馈产品

5.3.3　学会自黑：让你的种草文案更接地气

自黑，顾名思义就是自我贬低，而且用的是一种不留余地的手段。商家通过自黑式的文案创作方法，把产品区别于其他同类产品的特征展现出来，在接地气的同时又能让用户对你的产品记忆深刻。

需要注意的是，在进行自黑时，商家暴露的是一些无关痛痒的缺点，展示出来的却是至关重要的优点，通过欲扬先抑的手法向用户种草产品，如图 5-19 所示。

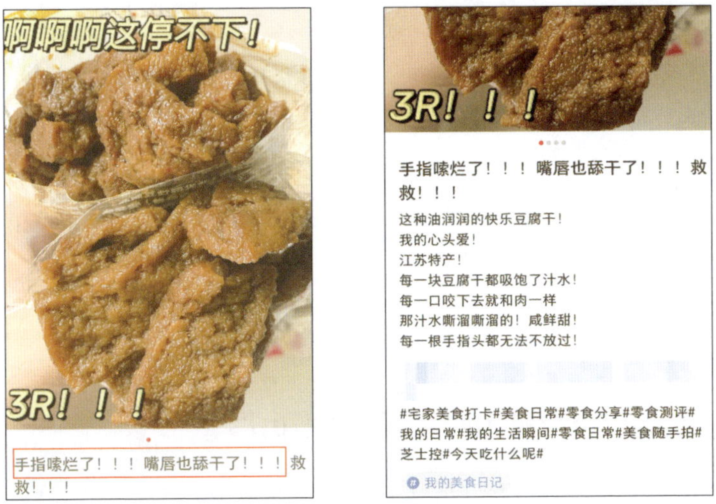

图5-19　自黑式的标题文案

此外，自黑式的文案重要的是在一个“自”字，商家最好不要“黑”其他品牌，就算是一种开玩笑的方式，如果对方不加以回应，那么商家就会落入一个尴尬的境地；如果“黑”得过度，又会伤害两家企业品牌之间的和气，反而对产品及品牌的宣传没什么益处。

5.3.4　做加减法：让你的种草文案更加灵动

给你的小红书种草文案做加法就是在文案中加点憧憬、加点情节和加点情绪；做减法就是减掉文案中的形容词、负能量和科普。做好加减法能让你的种草文案更加灵活，更具种草效力，下面介绍如何做好加减法。

（1）做好加法

1）加点憧憬

加点憧憬就是在种草文案中添加一些关于产品的美好联想，例如，使用产品时的场景、产品给用户带来的美好感受、使用产品后的情景等。

2）加点情节

加点情节是指添加用户可能会用到产品的一些情境，打消用户对产品的疑虑，让他们下定决心购买产品。

3）加点情绪

加点情绪是指在文案中添加用户的一些心理活动，如焦虑、激动等，使产品成为用户的“知己”。

（2）做好减法

1）减去形容词

减去种草文案中不必要的形容词，种草文案的种草效力往往并不在于文字本身的华丽与否，而在于文字所表达出来的某种情境与价值观。

2）减去负能量

减去文案中那些负能量的内容，如展示别人不好的内容、带有负面情绪的内容等。

3）减去科普

去除“专业化”，用通俗易懂的语言为用户介绍产品。

5.3.5 种草句式：让你的种草文案事半功倍

虽然在种草营销中有许多经典的文案，但将其总结起来，不难发现它们都有相同的句式。因此，如果能好好利用这些种草句式，套用其模板，就能让自己的种草文案事半功倍。具体来说，常见的种草句式如下：

1）再……，也……。

2）今天……，明天……。

3）世界上只有两种人，一种……，一种……。

4）三分……，七分……，如“三分天注定，七分靠打拼。”

5）要么……，要么……。

6）……就是……。

7）……有多……，……就有多……，如“心有多大，舞台就有多大。”

8）没有……，就没有……，如“没有买卖，就没有杀害。”

9）哪有……，只是……。

10）多一点……，少一点……。

11）不是所有的……都叫……。

以上都是我们在各种广告营销中常常能看到的种草文案句式，在撰写文案时，如果没有好的创意，不妨直接套用句式，快速写出营销文案。

5.3.6　使用对比：提高产品的销量

用户在购买产品时通常喜欢“货比三家”，通过产品对比买到物美价廉的产品。因此，在撰写种草文案时，也可以使用对比的方法突出展示自己的产品在某方面的优势。

进行产品对比，能够让用户“眼前一亮”，从而实现用户到消费者的转型。图 5-20 所示为小红书 KOL 通过对比展示产品的优势。

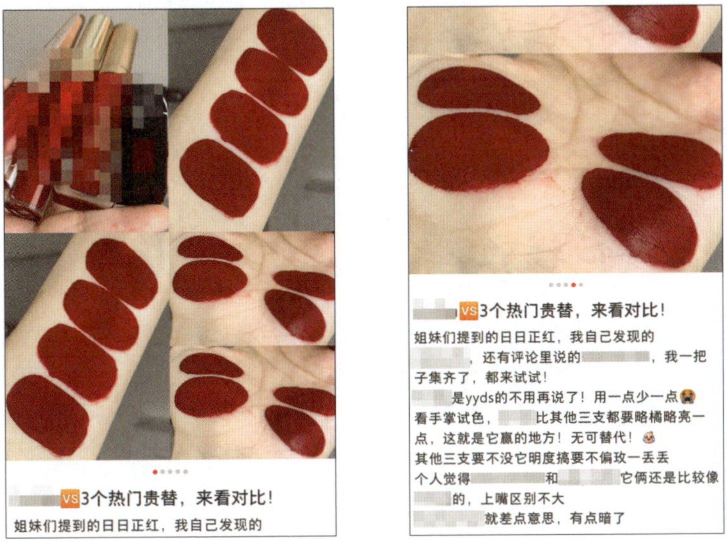

图5-20　产品对比展现优势

带货技巧篇

第 6 章

种草视频：让你的短视频内容脱颖而出

学前提示

在小红书中，除了图文笔记之外，还有一种内容输出形式在用户账号升级中占据较大权重，并越来越被小红书平台重视，这种内容输出形式就是视频笔记。因此，如果想要运营号小红书账号，掌握短视频拍摄技巧是十分有必要的。

要点展示

※ 视频拍摄：拍出能卖货的短视频

※ 视频处理：让小红书视频更有吸引力

※ 视频种草：视频是最好的营销利器

6.1 视频拍摄：拍出能卖货的短视频

作为一个社区型的线上电商平台，不管用户在小红书社区发布什么样的内容，最终的目的都会变为“种草”。因此，如何拍出好的视频笔记，让自己的视频在吸引用户的同时兼具卖货职能，是小红书账号运营者的必修课之一。

6.1.1 拍摄工具：好工具带来事半功倍的效果

小红书视频的主要拍摄设备包括智能手机、单反相机、运动相机和稳定器等，用户可以根据自己的资金状况来选择。

（1）智能手机

对于那些对视频品质要求不高的用户来说，普通的智能手机即可满足他们的拍摄需求，这也是目前大部分用户最常用的拍摄设备。在选择拍视频的手机时，主要关注手机的视频分辨率规格、视频拍摄帧速率、防抖性能、对焦能力及存储空间等因素，尽量选择一款拍摄画质稳定、流畅，并且可以方便地进行后期制作的智能手机。

（2）单反相机

对于单反相机来说，价格跨度比较大，从几千元到几万元都有，通常价格越高整体性能越好，但具体选择哪一款还需要用户根据自己的预算来决定。笔者建议，如果预算足够，那么全画幅单反相机是拍短视频的最佳选择。在同样的焦距下拍摄短视频时，全画幅比残幅更能充分发挥出镜头的优势。

同时，对于单反相机来说，镜头是一个相当重要的设备，它是单反相机的“眼睛”。单反相机比手机拍摄视频的最大优势在于，它能够更换各种镜头，从而更好地控制画面的景别和虚实等。

在选择单反相机时还要综合考虑视频格式、视频码流、感光元件、镜头光学素质、存储和续航等因素，找到一款适合自己使用的高性价比相机。

（3）运动相机

对于短视频爱好者来说，运动相机如今已经是拍短视频的“标配”设备了，非常适合拍摄户外旅行和娱乐生活等类型的短视频。在选择运动相机时，可以参考它的配置、功能及价格等维度来选购。

在配置方面，首先看视频分辨率及帧数，如 720P、1080P 及 4K 等，需要能够提供多种视频拍摄组合。然后是电池续航和充电，如大容量电池和快充功能是必备的，这样能够帮助用户实现长时间拍摄。最后是运动相机是否拥有丰富的额外配件，如手持稳定器、三脚架及移动电源等，能够起到防抖作用和提升续航能力。

在功能方面，运动相机通常需要具备多视频拍摄模式、防抖（电子防抖或光学防抖）、防水、防尘、防撞及降噪等功能。

★ 专 家 提 醒 ★

如果拍摄者需要将运动相机挂在衣服、头盔或者摩托车的车把上，还需要注意机身的重量，尽量选择一款较为轻便的运动相机。尤其是在拍摄滑雪、跳伞、滑板、登山、冲浪及骑行等极限运动时，用户还需要考虑运动相机是否支持多样化的安装方式，从而获得更大的取景视角。

6.1.2 视频画面：尽量拍摄出清晰的画面

拍摄器材是否稳定，在很大程度上决定视频画面的清晰度，如果手机或相机在拍摄时不够稳定，就会导致拍摄出来的视频画面也跟着摇晃，从而使画面变得十分模糊。如果手机或相机被固定好，那么在视频的拍摄过程中就会十分平稳，拍摄出来的视频画面效果也会非常清晰。

大部分情况下，在拍摄短视频时，我们都是用手持的方式来保持拍摄器材的稳定。另外，用户可以将手肘放在一个稳定的平台上，减轻手部的压力，或者使用三脚架、八爪鱼及手持稳定器等设备来固定手机，并配合无线快门来拍摄视频。

三脚架主要用来在拍摄短视频时更好地稳固手机或相机，为创作清晰的短视频作品提供一个稳定的平台，如图6-1所示。三脚架主要起到稳定拍摄器材的作用，所以，三脚架需要结实。但是，由于其经常需要被携带，所以又需要有轻便快捷和随身携带的特点。

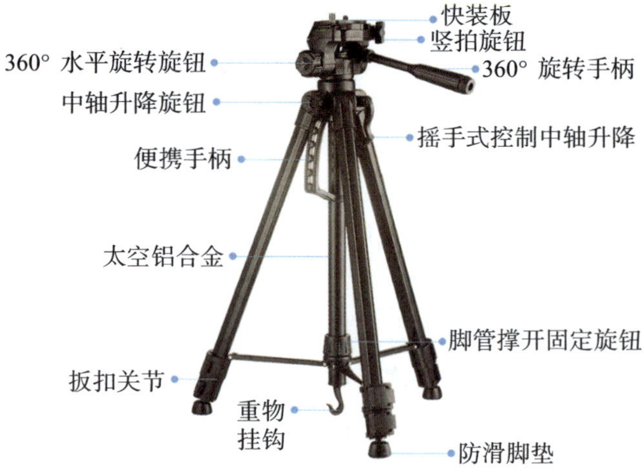

图6-1 三脚架

三脚架的优点一是稳定，二是能伸缩。但三脚架也有缺点，就是摆放时需要相对比较好的地面，而八爪鱼刚好能弥补三脚架的缺点，因为它有“妖性”，不仅能“爬杆”“上树”，还能“倒挂金钩”，可以获得更多更灵活的取景角度，如图 6-2 所示。

图6-2　八爪鱼支架

手持稳定器的主要功能是稳定拍摄设备，防止画面抖动造成的模糊，适合拍摄户外风景或者人物动作类短视频。

图 6-3 所示为手持稳定器及其部件。

图6-3　手持稳定器及其部件

6.1.3 构图选择：让视频画面更加和谐生动

画幅是影响短视频构图取景的关键因素，用户在构图前要先决定好短视频的画幅。画幅是指短视频的取景画框样式，通常包括横画幅、竖画幅和方画幅 3 种，也可以称为横构图、竖构图和正方形构图。

（1）横构图

横构图就是将手机或相机水平持握拍摄，然后通过取景器横向取景，如图 2-1 所示。因为人眼的水平视角比垂直视角要更大一些，因此，横画幅在大多数情况下会给观众一种自然舒适的视觉感受，同时可以让视频画面的还原度更高。

（2）竖构图

竖构图就是将手机或相机垂直持握拍摄，拍出来的视频画面拥有更强的立体感，比较适合拍摄具有高大、线条及前后对比等特点的短视频题材。

图 6-4 所示为小红书中采用竖构图的视频笔记。

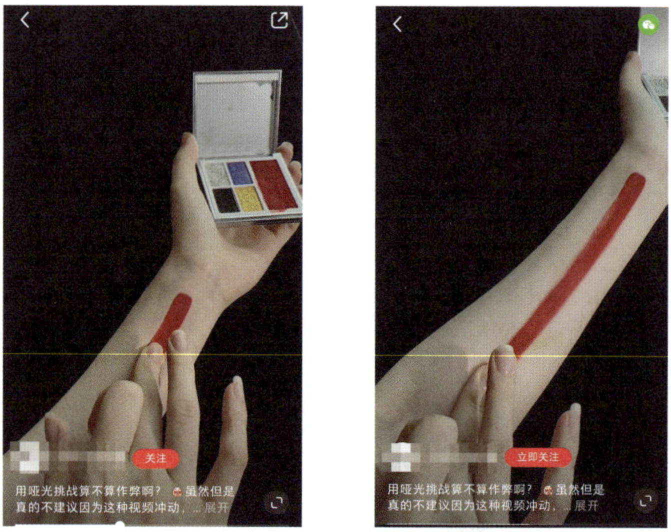

图6-4　竖构图的视频笔记

需要注意的是，在小红书社区，KOL 通常采用竖构图的方式来拍摄视频笔记，以便视频能够更好地与小红书纵向浏览的模式相符。

（3）正方形构图

正方形构图的画幅比例为 1∶1，要拍出正方形构图的短视频画面，通常需借助一些专业的短视频拍摄软件，如美颜相机、小影、VUE Vlog、轻颜相机及无他相机等 App。

正方形构图能够缩小视频画面的观看空间，这样观众无须移动视线去观看全部画面，从而更容易抓住视频中的主体对象。

与横构图一样，正方形构图在小红书中使用得同样较少，但一旦使用得当，往往能取得意想不到的效果。

图 6-5 所示为小红书中采用正方形构图的视频笔记。

图6-5　正方形构图的视频笔记

（4）前景构图

前景，最简单的解释就是位于视频拍摄主体与镜头之间的事物。前景构图是指利用恰当的前景元素来构图取景，可以使视频画面具有更强烈的纵深感和层次感，同时也能极大地丰富视频画面的内容，使视频更加鲜活饱满。因此，在进行视频拍摄时，可以将身边能够充当前景的事物拍摄到视频画面当中来。

前景构图有两种操作思路，一种是将前景作为陪体，将主体放在中景或背景位置上，用前景来引导视线，使观众的视线聚焦到主体上；另一种是直接将前景作为主体，通过背景环境来烘托主体。

在构图时，给视频画面增加前景元素，主要是为了让画面更有美感。那么，哪些前景值得选择呢？在拍摄短视频时，可以作为前景的元素有很多，如花草、树木、水中的倒影、道路、栏杆及各种装饰道具等，不同的前景有不同的作用。

（5）中心构图

中心构图又可以称为中央构图，简而言之，即将视频主体置于画面正中间进行取景。中心构图最大的优点在于主体突出、明确，而且画面可以达到上下左右平衡的效果，更容易抓人眼球。

拍摄中心构图的视频非常简单，只需要将主体放置在视频画面的中心位置即可，而且不受横竖构图的限制，如图 6-6 所示。

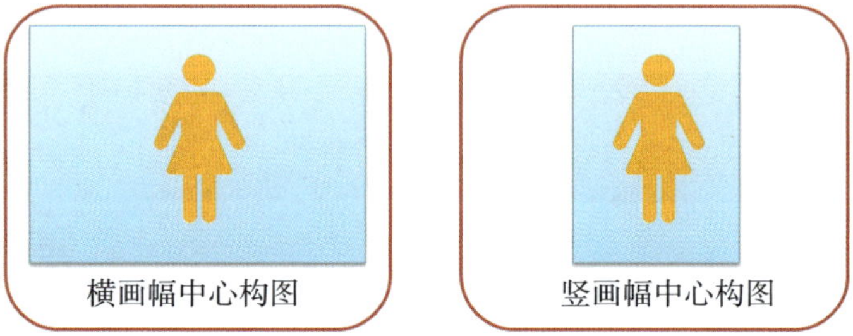

图6-6　中心构图的操作技巧

拍摄中心构图的相关技巧如下：

1）选择简洁的背景。使用中心构图时，尽量选择背景简洁的场景，或者主体与背景的反差比较大的场景，这样能够更好地突出主体。

2）制造趣味中心点。中心构图的主要缺点在于效果比较呆板，因此，拍摄时可以运用光影角度、虚实对比、肢体动作、线条韵律及黑白处理等方法，制造一个趣味中心点，让视频画面更加吸引眼球。

（6）三分线构图和九宫格构图

三分线构图是指将画面从横向或纵向分为三部分，在拍摄视频时，将对象或焦点放在三分线的某一位置上进行构图取景，让对象更加突出，画面更加美观。

九宫格构图又叫井字形构图，是三分线构图的综合运用形式，是指用横竖各两条直线将画面等分为 9 个空间，不仅可以让画面更加符合人眼的视觉习惯，而且还能突出主体，均衡画面。

采用三分线构图拍摄短视频最大的优点就是，将主体放在偏离画面中心的三分之一位置处，使画面不至于太枯燥或呆板，还能突出视频的拍摄主题，使画面紧凑有力。

要学好构图，需要注意两点：一要观察拍摄对象的数量，挖掘他们的特色和亮点；二要心存构图技法，拍摄时找到最匹配对象的构图来拍。

三分线构图的拍摄方法十分简单，只需要将视频拍摄主体放置在拍摄画面的横向或者竖向三分之一处即可，如图 6-7 所示。

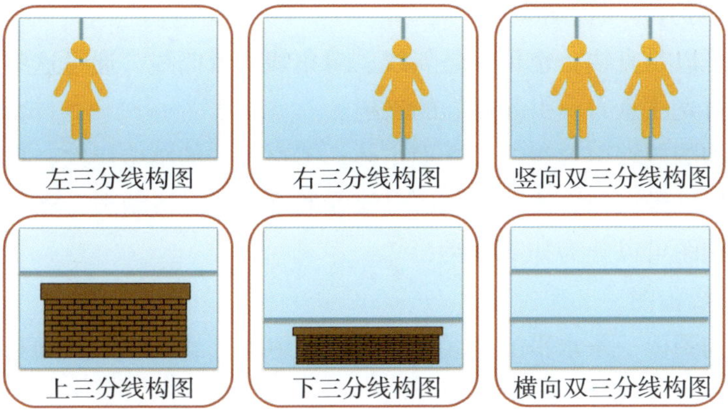

图6-7　**三分线构图技巧**

使用九宫格构图，不仅可以将主体放在 4 个交叉点上，也可以将其放在 9 个空间格内，这样可以使主体非常自然地成为画面的视觉中心，如图 6-8 所示。

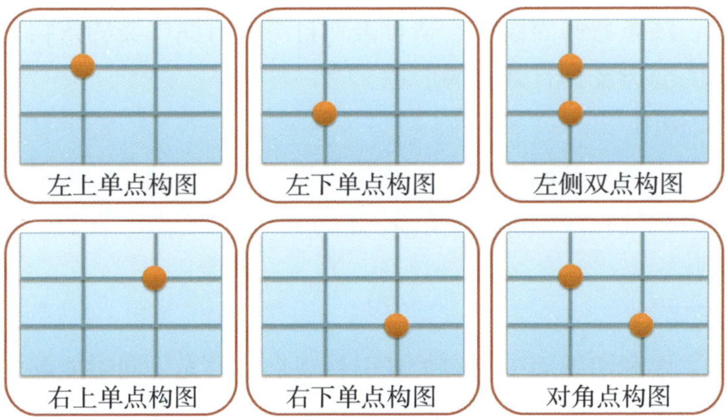

图6-8　**九宫格构图技巧**

（7）框式构图

框式构图又称框架式构图，也有人称之为窗式构图或隧道构图。框式构图的特征是借助某个框式图形来取景，而这个框式图形，可以是规则的，也可以是不规则的，可以是方形的，也可以是圆的，甚至是多边形的。

框式构图的重点是利用主体周边的物体构成一个边框，这样可以起到突出主体的作用。框式构图主要是通过门窗等作为前景形成框架，透过门窗框的范围引导观众的视线至被摄对象上，使得视频画面的层次感得到增强，同时具有更多的趣味性，形成不一样的画面效果。

在小红书社区，框式构图被更多地用于探店、旅行等室外拍摄的视频笔记中。

（8）利用引导线构图

引导线可以是直线，也可以是斜线、对角线或者曲线，通过这些线条来“引导”观众的目光注意力，引起他们的兴趣。

引导线构图能够引导视线至画面主体；丰富画面的结构层次；具有极强的纵深效果；展现出景深和立体感；创造出深度的透视感；帮助观众探索整个场景。

引导线构图可以分为如下 5 类：

1）水平线构图

水平线构图以一条水平的直线来进行构图取景，给人带来辽阔和平静的视觉感受。

2）对角线构图

对角线构图是比斜线更规范的一种构图形式，强调的是对角成一条直线，它可以使画面更具有方向感，赋予画面动感、活泼的视觉效果。

3）曲线构图

曲线构图，线条弯曲而圆润，适合表现自身富有曲线美的景物，可以很好地表达被摄对象的韵律及具有魅力的形态。

4）透视线构图

透视线构图指视频画面中的某一条线或某几条线，有“近大远小”的透视规律，使视线沿着视频画面中的线条汇聚成一点，汇聚观众的视线，使画面更具有动感和深远意味。

5）斜线构图

斜线构图主要利用画面中的斜线来引导观众的目光，同时能够展现物体的运动、变化及透视规律，可以让视频画面更有活力和节奏感。

（9）对称构图

对称构图是指画面中心有一条线把画面分为对称的两份，可以是画面上下对称，也可以是画面左右对称，或者是围绕一个中心点实现画面的径向对称，这种对称画面会给人一种平衡、稳定与和谐的视觉感受。生活中有很多以不同形式存在的对称画面，下面笔者总结了一些在短视频中常用的对称构图类型，如图 6-9 所示。

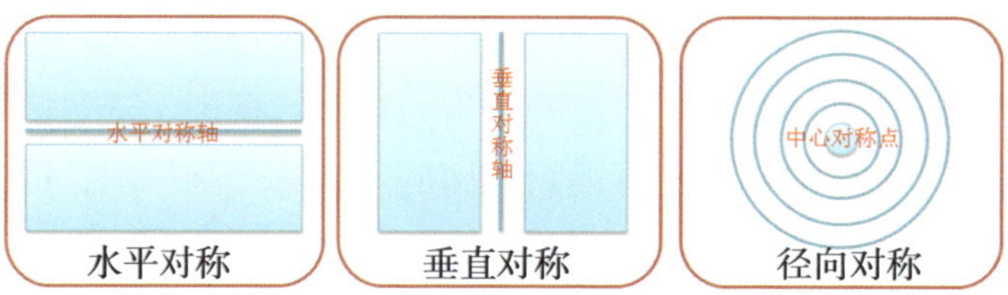

图6-9　对称构图的3种常见类型

（10）对比构图

对比构图的含义很简单，就是通过不同形式的对比，来强化画面的构图，产生不一样的视觉效果。对比构图的意义有如下两个：一是通过对比产生区别，来强化主体；二是通过对比来衬托主体，起辅助作用。

★ 专家提醒 ★

值得注意的是，小红书社区的视频笔记除了在室外拍摄的视频外，其他视频，如开箱、测评、美妆教程等视频笔记的构图类型大多使用中心构图，将 KOL 及其产品置于视频正中，并让用户的目光聚焦在拍摄主体身上。

6.1.4 镜头选择：使你的拍摄如虎添翼

短视频的拍摄镜头包括两种常用类型，分别为固定镜头和运动镜头。固定镜头是指在拍摄短视频时，镜头的机位、光轴和焦距等都保持固定不变，适合拍摄画面中有运动变化的对象，如车水马龙和日出日落等场景。运动镜头是指在拍摄的同时会不断调整镜头的位置和角度，也可以称之为移动镜头。

使用固定镜头拍摄短视频时，只要用三脚架或者双手持机，保持镜头固定不动即可。运动镜头通常需要使用手持稳定器辅助拍摄，拍出画面的移动效果。固定镜头和运动镜头的操作技巧如图 6-10 所示。

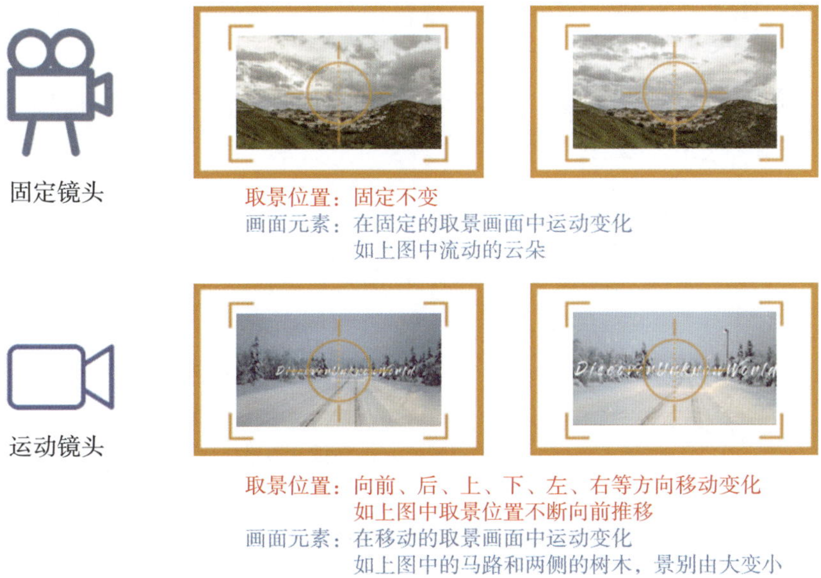

图6-10　固定镜头和运动镜头的操作技巧

当然，在拍摄形式上，运动镜头要比固定镜头更加多样化，常见的运动镜头包括推拉运镜、横移运镜、摇移运镜、甩动运镜、跟随运镜、升降运镜及环绕运镜等。用户在拍摄短视频时可以熟练使用这些运镜方式，更好地突出画面细节和表达主题内容，从而吸引更多用户关注你的作品。

6.1.5 镜头角度：让你的视频内容更加丰富

在使用运镜手法拍摄短视频前，用户首先要掌握各种镜头角度，如平角、斜角、仰角和俯角等，熟悉角度后在运镜时会更加得心应手。

平角即镜头与拍摄主体保持水平方向的一致，镜头光轴与对象（中心点）齐高，能够更客观地展现主体的原貌。斜角即在拍摄时将镜头倾斜一定的角度，从而产生透视变形的画面失调感，能够让画面显得更加立体。图 6-11 所示分别为平角和斜角的操作技巧。

图6-11 平角和斜角的操作技巧

俯角即采用高机位俯视的拍摄角度，可以让拍摄对象看上去更加弱小，适合拍摄建筑、街景、人物、风光、美食或花卉等短视频题材，能够充分展示主体的全貌。仰角即采用低机位仰视的拍摄角度，能够让拍摄对象显得更加高大，同时可以让视频画面更有代入感。图 6-12 所示分别为俯角和仰角的操作技巧。

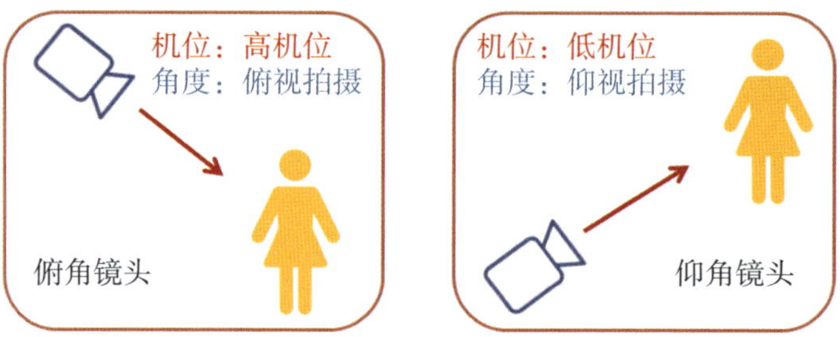

图6-12 俯角和仰角的操作技巧

6.1.6 运镜技巧：小红书视频的多种玩法

运镜是视频拍摄中需要掌握的一项十分重要的技巧，学会运镜方式，能使拍出来的视频更多变、吸睛，让你的小红书账号实现轻松涨粉。

（1）推拉运镜

推拉运镜是短视频中最为常见的运镜方式，通俗来说就是一种“放大画面”或“缩小画面”的表现形式，可以用来强调拍摄场景的整体或局部，以及彼此的关系。

推镜头是指从较大的景别将镜头推向较小的景别，如从远景推至近景，从而突出用户要表达的细节，将这个细节之处从镜头中凸显出来，让观众注意到。

拉镜头的运镜方向与推镜头正好相反，先用特写或近景等景别，将镜头靠近主体拍摄，然后向远处逐渐拉出，拍摄远景画面。一般来说，拉镜头的运镜方式经常被用于剧情类视频的结尾，以及强调主体所在的环境，可以更好地渲染视频的画面气氛。

（2）横移运镜

横移运镜是指拍摄时镜头按照一定的水平方向移动，与推拉运镜向前后方向上运动的不同之处在于，横移运镜是将镜头向左右方向运动。横移运镜通常用于剧中的情节，如人物在沿直线方向走动时，镜头也跟着横向移动，不仅可以更好地展现出空间关系，而且能够扩大画面的空间感。

横移运镜的操作技巧如图 6-13 所示。

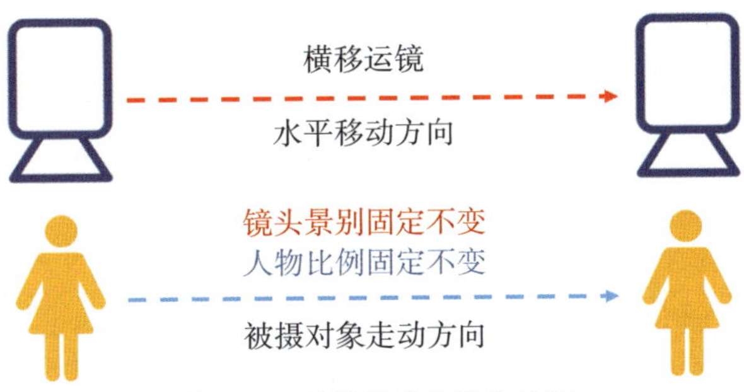

图6-13　横移运镜的操作技巧

★ 专家提醒 ★

在使用横移运镜拍摄短视频时，用户可以借助滑轨摄影设备来保持手机或相机的镜头在移动拍摄过程中的稳定性。

（3）摇移运镜

摇移运镜主要是通过灵活变动拍摄角度，来充分展示主体所处的环境特征，可以让观众在观看视频笔记时能够产生身临其境的视觉体验感。摇移运镜是指保持机位不变，然后朝着不同的方向转动镜头，镜头运动方向可分为左右摇动、上下摇动、斜方向摇动及旋转摇动。

摇移运镜就像是一个人站着不动，然后转动头部或身体，用眼睛向四周观看身边的环境。用户在使用摇移运镜手法拍摄视频时，可以借助手持稳定器更加方便、稳定地调整镜头方向。

（4）甩动运镜

甩动运镜也称为极速切换运镜，通常用于两个镜头切换时的画面，在第一个镜头即将结束时，通过向另一个方向甩动镜头，来让镜头切换时的过渡画面产生强烈的模糊感，然后马上换到另一个场景继续拍摄。

甩动运镜与摇移运镜的操作技巧比较类似，只是速度比较快，是用的“甩”这个动作，而不是慢慢地摇镜头。甩动运镜的操作技巧如图 6-14 所示。

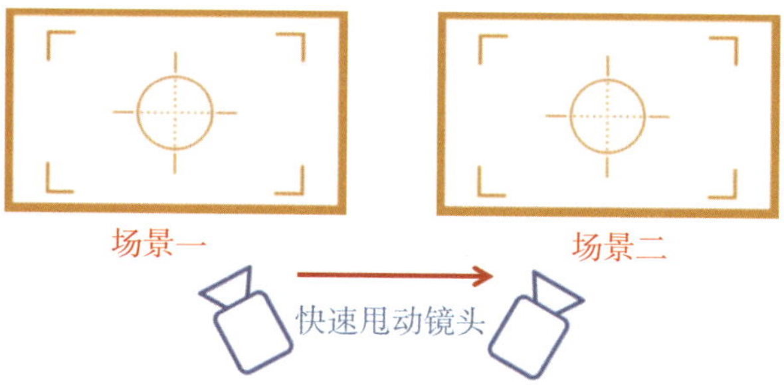

图6-14　甩动运镜的操作技巧

甩动运镜可以营造出镜头跟随人物眼球快速移动的画面场景，能够表现出一种急速的爆发力和冲击力，从而展现出事物、时间和空间变化的突然性，让观众产生一种紧迫感的心理。

（5）跟随运镜

跟随运镜与前面介绍的横移运镜比较类似，只是在方向上更为灵活多变，拍摄时可以始终跟随人物前进，让主角一直处于镜头中，从而产生强烈的空间穿越感。跟随运镜适用于拍摄人像类、旅行类、纪录片及宠物类等短视频题材，能够很好地强调内容主题。

在小红书社区，跟随运镜通常被用来拍摄室外视频，让用户跟随 KOL 的视角来观看视频，并产生身临其境之感。

（6）升降运镜

升降运镜是指镜头的机位朝上下方向运动，从不同方向的视点来拍摄要表达的场景。升降运镜适合拍摄气势宏伟的建筑物、高大的树木、雄伟壮观的高山，以及展示人物的局部细节。升降运镜的操作技巧如图 6-15 所示。

图6-15　升降运镜（垂直升降）的操作技巧

使用升降运镜拍摄短视频时，需要注意以下事项：

1）拍摄时可以切换不同的角度和方位来移动镜头，如垂直上下移动、上下弧线移动、上下斜向移动及不规则的升降方向。

2）在画面中可以纳入一些前景元素，从而体现出空间的纵深感，让观众感觉主体对象更加高大。

（7）环绕运镜

环绕运镜即镜头绕着对象 360° 环拍，操作难度比较大，在拍摄时旋转的半径和速度要基本保持一致。环绕运镜的操作技巧如图 6-16 所示。

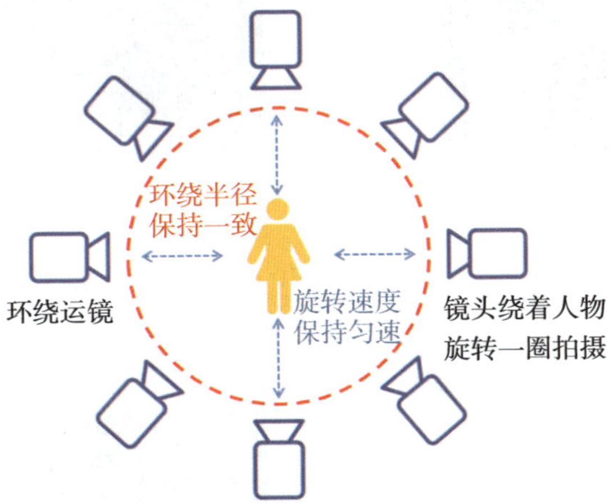

图6-16　环绕运镜的操作示例

环绕运镜可以拍摄出对象周围 360° 的环境和空间特点，同时还可以配合其他运镜方式，来增强画面的视觉冲击力。如果人物在拍摄时处于移动状态，则环绕运镜的操作难度会更大，用户可以借助一些手持稳定器设备来稳定镜头，让旋转过程更为稳定。

6.2 视频处理：让小红书视频更有吸引力

在小红书社区，内容的输出主要靠视频、图片这种形式，因此，学会处理视频，就像是给人化妆一样，能让视频变得更为精美，从而吸引更多用户的关注。可以利用剪映 App，方便快捷地处理视频。

6.2.1 视频剪辑：手把手教会你做影视后期

在剪映中剪辑视频之前，首先要将素材导入到软件中，然后对其进行分割处理，并删除多余的视频片段，这也是十分简单的视频剪辑方式，下面介绍具体的操作方法。

步骤 01 打开剪映软件，在主界面上单击“开始创作”按钮，如图 6–17 所示。

步骤 02 进入视频剪辑界面，单击“导入素材”按钮，如图 6–18 所示。

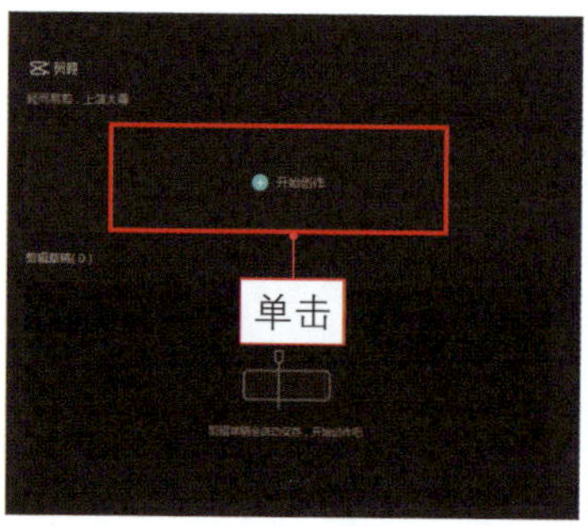

图6-17　单击“开始创作”按钮

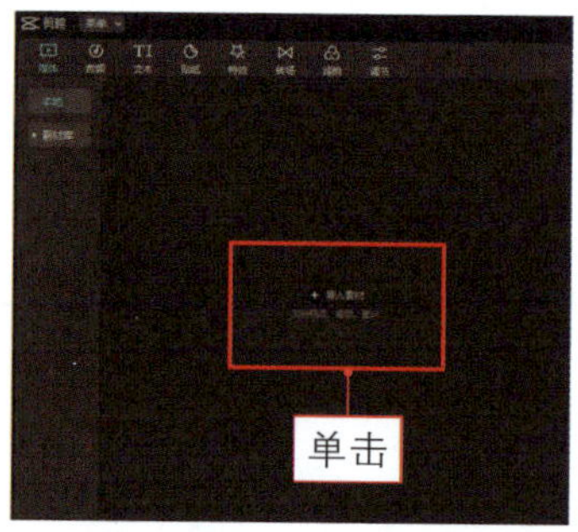

图6-18　单击“导入素材”按钮

步骤 03 打开素材所在文件夹，选择相应的视频文件，如图 6–19 所示。

步骤 04 单击“打开”按钮，将视频导入“本地”素材库，如图 6–20 所示。

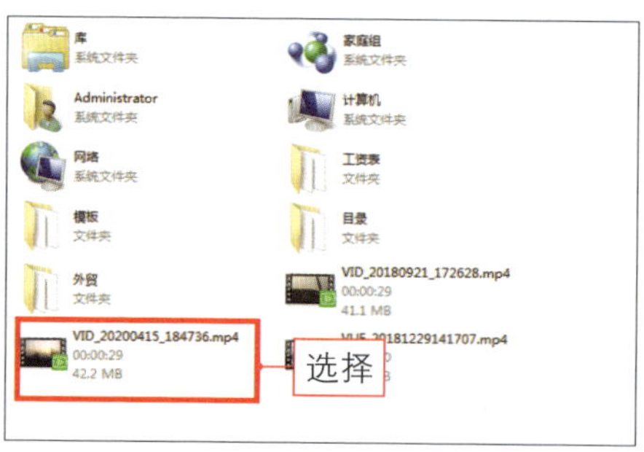

图6-19　选择相应的视频文件

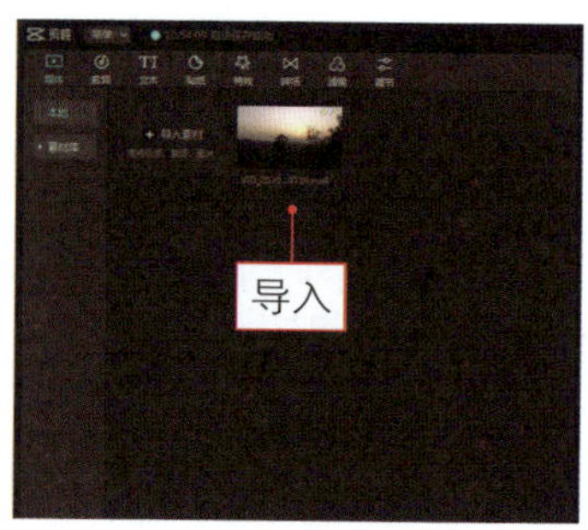

图6-20　导入到“本地”素材库中

步骤 05 ❶ 选择视频文件；❷ 在右侧的预览窗口中可以播放预览视频效果，如图 6–21 所示。

图6-21　预览视频效果

步骤 06 单击视频素材缩略图右下角的添加按钮，即可将其添加到时间线窗口的视频轨道中，如图 6–22 所示。

步骤 07 ❶ 拖曳时间轴至相应位置处；❷ 单击“分割”按钮，如图 6–23 所示。

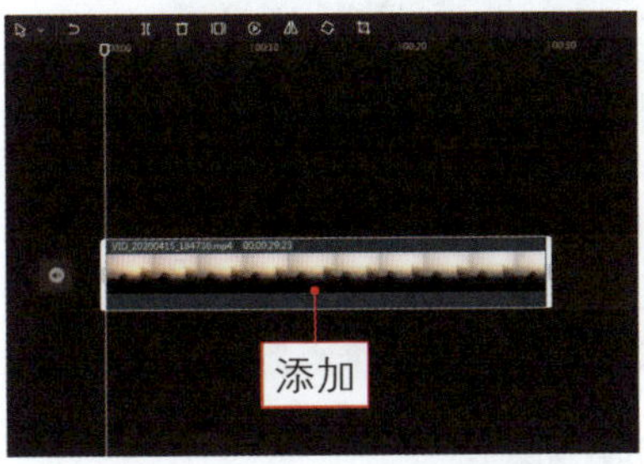

图6-22　添加到视频轨道中

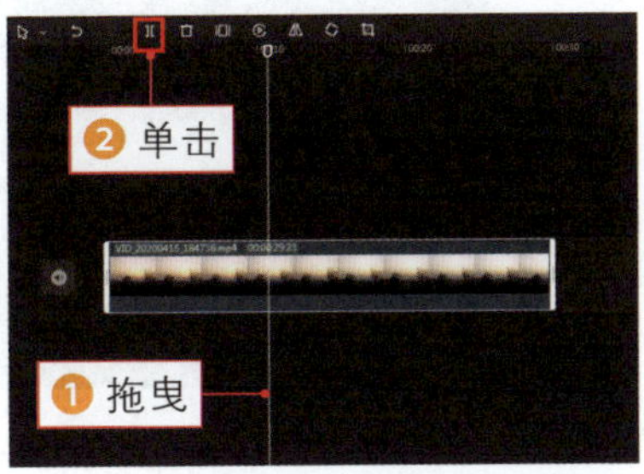

图6-23　单击“分割”按钮

步骤 08 执行操作后，选择分割出来的后半段视频，如图 6–24 所示。

步骤 09 单击“删除”按钮，即可删除多余的视频片段，如图 6–25 所示。

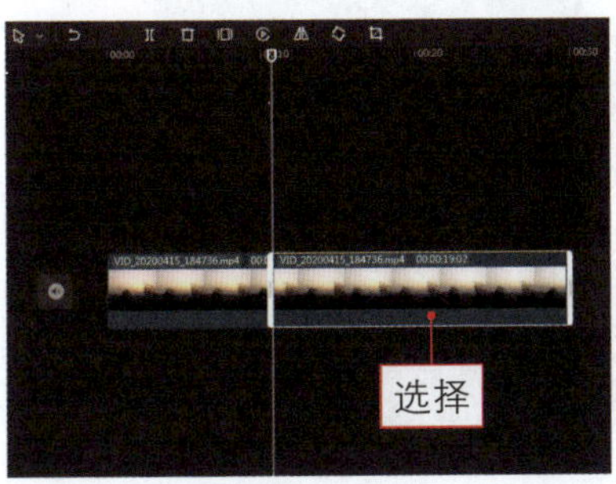

图6-24　选择分割出来的后半段视频

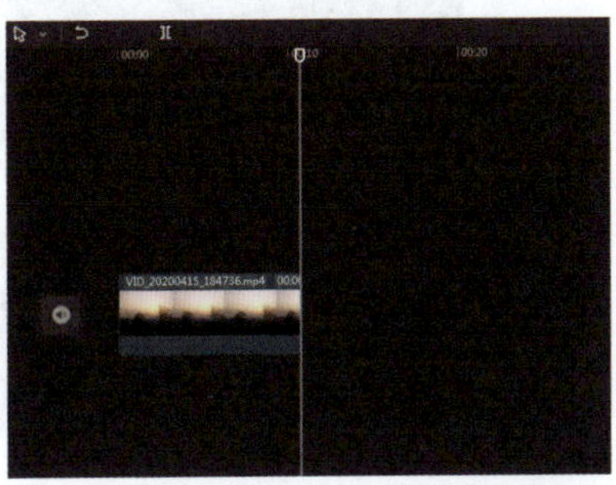

图6-25　删除多余的视频片段

这是剪映中比较简单的剪辑操作，通过视频剪辑，小红书视频笔记的创作者或账号的运营者可以让自己的视频笔记更加简练，让用户能更轻易地抓住你视频笔记的重心，不被冗杂且不必要的视频内容打扰。

6.2.2 转场效果：瞬间让短视频变成技术流

转场效果指的是两段素材视频之间的切换特效，能够让你的小红书视频笔记更加顺滑，“技术”满满，吸引更多用户的关注。

下面介绍一种短视频无缝转场的制作方法，主要使用剪映的自定义曲线变速功能，在各个视频的连接处进行同样的加速处理，使视频片段间的过渡效果更加平滑，下面介绍具体的操作方法。

步骤 01 在剪映中导入 3 个视频素材；将其添加到视频轨道中，如图 6-26 所示。

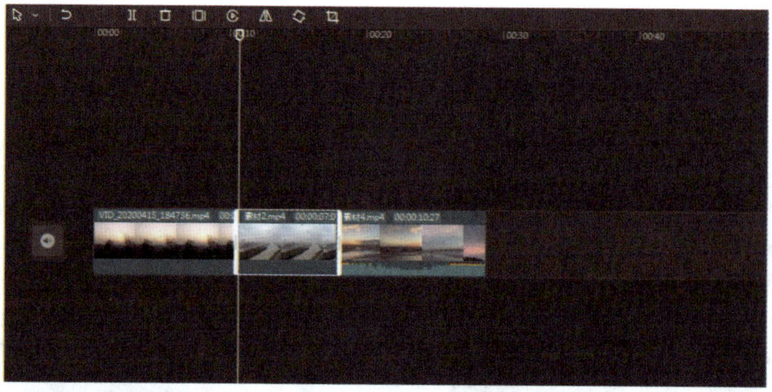

图6-26　将素材添加到视频轨道

步骤 02 在时间线窗口中选择第 1 个视频片段，如图 6-27 所示。

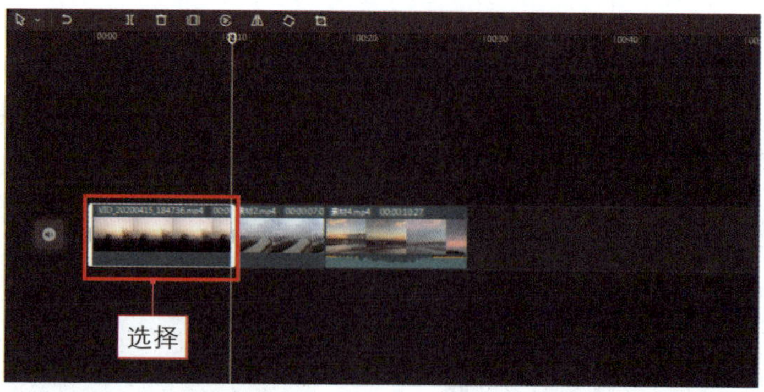

图6-27　选择第1个视频片段

步骤 03 切换至“变速”功能区；在“曲线变速”选项卡中选择“自定”选项，如图 6–28 所示。

图6-28　选择“自定”选项

步骤 04 执行操作后，即可显示自定变速控制条，将前面两个控制点的变速倍速调整为 6.0×，如图 6–29 所示。

图6-29　调整前面两个控制点的变速倍速

步骤 05 用同样的操作方法，将后面两个控制点的变速倍速调整为 6.0×，如图 6–30 所示。

图6-30　调整后面两个控制点的变速倍速

步骤 06 执行操作后，即可完成第 1 个视频片段的速度调整，如图 6–31 所示。

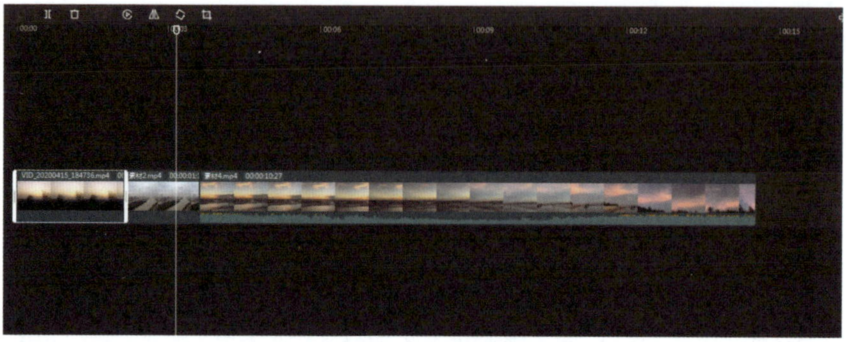

图6-31 调整第1个视频片段的速度

步骤 07 选择第 2 个视频片段；选择“自定”曲线变速选项；将前面两个控制点的变速倍速调整为 6.0×，如图 6–32 所示。

图6-32 调整前面两个控制点的变速倍速

步骤 08 用同样的操作方法，将第 2 个视频片段的后面两个控制点的变速倍速调整为 6.0×，如图 6–33 所示。

图6-33 调整后面两个控制点的变速倍速

步骤 09 执行操作后，即可完成第 2 个视频片段的速度调整，如图 6–24 所示。

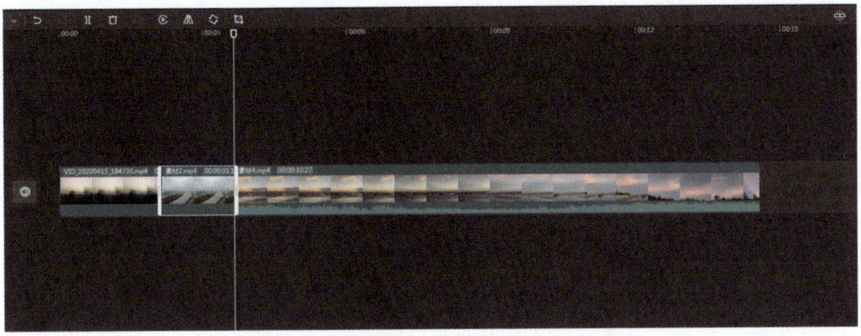

图6-34　调整第2个视频片段的速度

步骤 10 选择第 3 个视频片段；选择“自定”曲线变速选项；将前面两个控制点的变速倍速调整为 6.0×，如图 6–35 所示。

图6-35　调整前面两个控制点的变速倍速

步骤 11 用同样的操作方法，将第 4 个控制点的变速调整为 6.0×，如图 6–36 所示。

图6-36　调整第4个控制点的变速倍速

步骤 12 执行操作后，即可完成第 3 个视频片段的速度调整，如图 6–37 所示。

图6-37 调整第3个视频片段的速度

步骤 13 在剪映 App 中播放预览视频，查看制作的无缝转场效果，画面极具运动感，如图 6–38 所示。

图6-38 预览视频效果

在剪映中还有一种更为简单的转场方式，可以直接利用剪映的转场工具，利用其中的多个模板，轻松实现视频的特效转场，使自己的小红书视频笔记更加酷炫吸睛。图 6-39 所示为剪映的转场工具。

图6-39　剪映的转场工具

6.2.3　视频调色：让你的视频画面更加多彩

通常来说，在小红书社区，除非创作者有特殊需求，其中的内容输出方式，不管是视频还是图片，都力求给用户一种清新可人的视觉感受，从而使其与小红书社区的基本调性更加相符。下面介绍剪映中的“春光乍泄”滤镜，通过青橙色的色调风格，营造出一种小清新的视频效果。

青橙色调是网络上非常流行的一种色彩搭配方式，适合风光、建筑和街景等类型的视频题材。青橙色调主要以青蓝色和红橙色为主，能够让画面产生鲜明的色彩对比，同时还能获得和谐统一的视觉效果。

步骤 01 在剪映中导入视频素材并将其添加到视频轨道中；❶ 拖曳时间轴至 5s 的位置处；❷ 单击“分割”按钮分割视频，如图 6-40 所示。

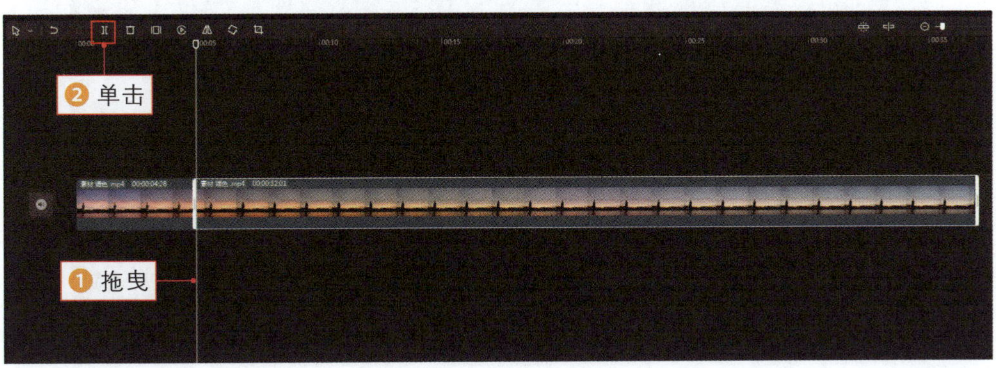

图6-40　单击“分割”按钮

步骤 02 选择分割出来的前半段视频，单击“删除”按钮，如图 6–41 所示。

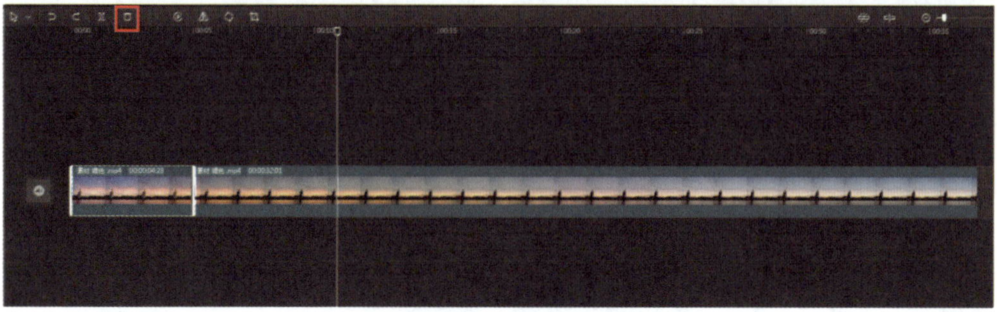

图6-41 单击“删除”按钮

步骤 03 执行操作后，即可删除前半段视频，如图 6–42 所示。

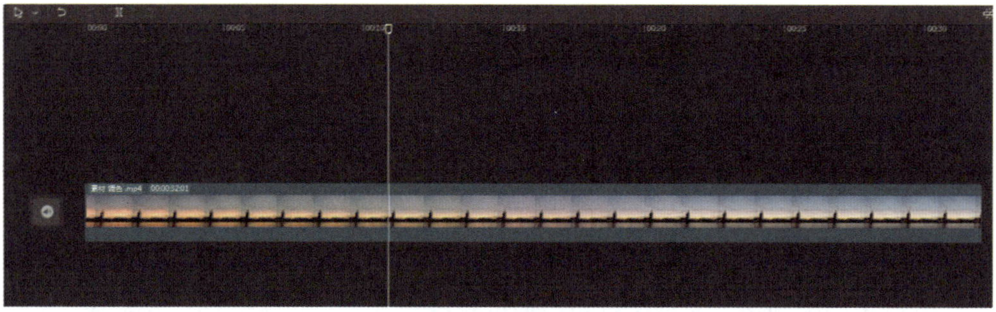

图6-42 删除前半段视频

步骤 04 ❶ 单击“滤镜”按钮，切换至该功能区；❷ 在“电影”选项区中选择“春光乍泄”滤镜，如图 6–43 所示。

图6-43 选择“春光乍泄”滤镜

步骤05 单击添加按钮，添加滤镜轨道，❶ 将时长调整为与视频一致；❷ 在“滤镜编辑”功能区中设置“滤镜强度”为 100，如图 6–44 所示。

图6-44　设置“滤镜强度”参数

★ 专家提醒 ★

“春光乍泄”滤镜是模拟电影《春光乍泄》的色调风格，通过加强画面中的青色与橙色色调，进行对冲搭配，从而让视频画面产生非常明显的视觉反差与色彩对比。

步骤06 选择视频轨道，切换至“调节”功能区，设置“亮度”为 –6，降低画面的亮度，如图 6–45 所示。

图6-45　设置“亮度”参数

步骤 07 设置“对比度”为 5，增强画面的明暗反差，如图 6–46 所示。

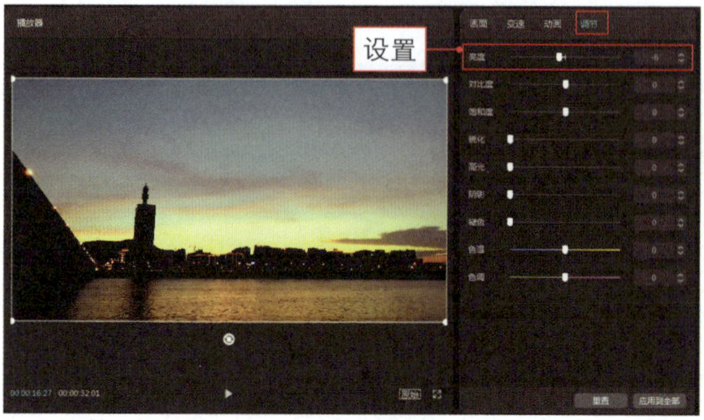

图6-46 设置“对比度”参数

步骤 08 设置“饱和度”为 9，稍微增强画面的色彩浓度，如图 6–47 所示。

图6-47 设置“饱和度”参数

步骤 09 设置“锐化”为 10，增强画面的清晰度，如图 6–48 所示。

图6-48 设置“锐化”参数

步骤 10 设置“高光”为 80，增强高光部分的明度，如图 6–49 所示。

图6-49　设置“高光”参数

步骤 11 设置“色温”为 8，增强画面的暖色调效果，如图 6–50 所示。

图6-50　设置“色温”参数

步骤 12 设置“色调”为 –5，使画面偏绿色调，如图 6–51 所示。

图6-51　设置“色调”参数

步骤 13 调整完毕后导出并保存效果视频，重新创建一个剪辑草稿，导入原视频和调整好的效果视频文件，如图 6–52 所示。

图6-52 导入原视频和调整好的效果视频文件

步骤 14 ❶ 将原视频拖曳至视频轨道中；❷ 在 5s 的位置处将其分割；❸ 选择后半段视频；❹ 单击“删除”按钮，如图 6–53 所示。

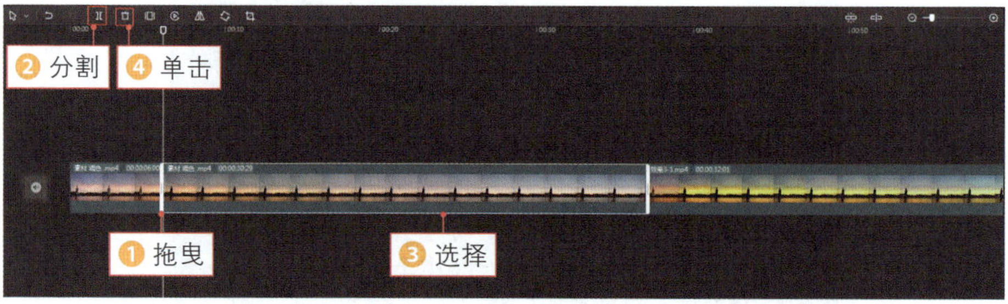

图6-53 单击“删除”按钮

步骤 15 在“视频”功能区中选择效果视频文件，将其拖曳至视频轨道中，放置在原视频的后面，如图 6–54 所示。

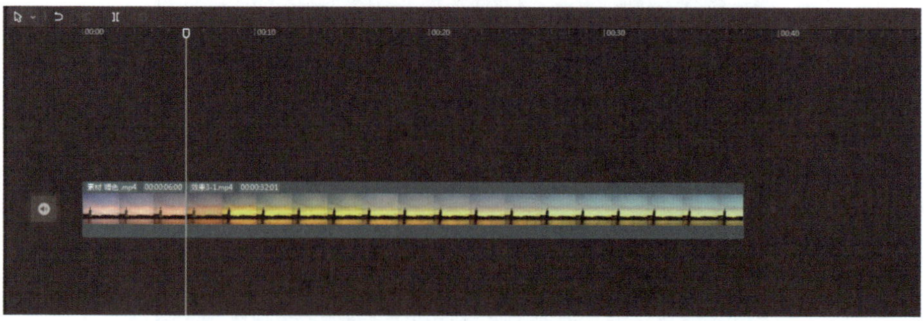

图6-54 拖曳效果视频文件

步骤 16 ❶ 单击"转场"按钮，切换至该功能区；❷ 在"基础转场"选项卡中选择"向右擦除"选项，如图 6–55 所示。

图6-55　选择"向右擦除"选项

步骤 17 单击添加按钮，❶ 添加"向右擦除"转场效果；❷ 在"转场编辑"功能区中将"转场时长"设置为最长，如图 6–56 所示。

图6-56　将"转场时长"设置为最长

★ 专家提醒 ★

在两个视频片段的连接处，添加"向右擦除"转场效果后，可以呈现出一种"扫屏"切换场景的画面效果。

同样，在剪映中，小红书视频笔记的创作者还可以根据自己的实际需要选择合适的转场特效，如"向左擦除""向上擦除""向下擦除"等，还可以选择其他效果更为酷炫的转场特效为自己的视频添色。

步骤 18 播放预览视频，原视频经过"扫屏"切换后，转换为调色后的画面效果，对比非常明显，如图 6–57 所示。

图6-57　预览视频效果

6.2.4　添加字幕：让你的视频更加专业有范

利用剪映 App 可以为视频添加字幕，解说视频中的内容，在小红书视频笔记中添加字幕还可以更好地介绍产品，从而使用户更全面地了解产品，将他们的目光吸引到产品上来。

下面介绍在视频中添加文字内容的具体操作方法。

步骤 01 ❶ 在剪映中导入视频素材并将其添加到视频轨道中；❷ 单击“文本”按钮，如图 6-58 所示。

图6-58　单击“文本”按钮

步骤 02 在“新建文本”选项卡中单击“默认文本”中的添加按钮，添加一个文本轨道，如图 6-59 所示。

图6-59　添加文本轨道

步骤 03 选择文本轨道，在“文字编辑”功能区的文本框中输入相应文字，选择合适的预设样式，如图 6–60 所示。

图6-60 选择合适的预设样式

步骤 04 ❶ 在“样式”选项区中选中“描边”复选框；❷ 设置相应的“颜色”和“描粗细”选项，调整文字的描边效果，如图 6–61 所示。

图6-61 调整文字的描边效果

步骤 05 在“样式”选项区中适当调整“边框”的“颜色”和“不透明度”参数，如图 6-62 所示。

图6-62　**调整“边框”的“颜色”和“不透明度”参数**

步骤 06 在“样式”选项区中选中“阴影”复选框，保持默认设置即可，如图 6-63 所示。

图6-63　**选中“阴影”复选框**

★ 专 家 提 醒 ★

对于字幕的边框与阴影，小红书视频笔记的创作者可以根据需要进行设置，只要字幕美观，并且能让观众看清即可。

步骤 07 ❶切换至“排列”选项卡，❷设置“字间距”为 2，如图 6-64 所示。

图6-64 设置“字间距”选项

步骤 08 播放预览视频，查看设置的主题文字效果，如图 6-65 所示。

图6-65 预览视频效果

6.2.5　添加音乐：普通人也能剪出视频大片

剪映 App 具有非常丰富的背景音乐曲库，而且进行了十分细致的分类，用户可以根据自己的视频内容或主题来快速选择合适的背景音乐。下面介绍给视频添加背景音乐的具体操作方法。

步骤 01 ❶ 在剪映中导入视频素材并将其添加到视频轨道中；❷ 单击“关闭原声”按钮将原声关闭，如图 6–66 所示。

图6-66　关闭原声

步骤 02 单击“音频”按钮，切换至“音频”功能区，如图 6–67 所示。

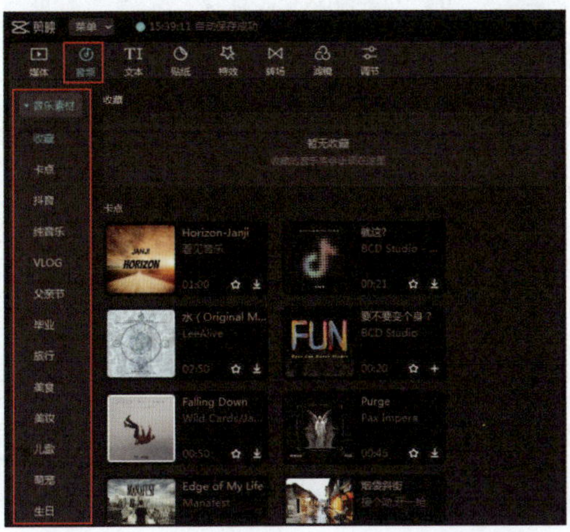

图6-67　切换至“音乐”功能区

步骤 03 ❶ 选择相应的音乐类型，如“纯音乐”；❷ 在音乐列表中选择合适的背景音乐，即可进行试听，如图 6–68 所示。

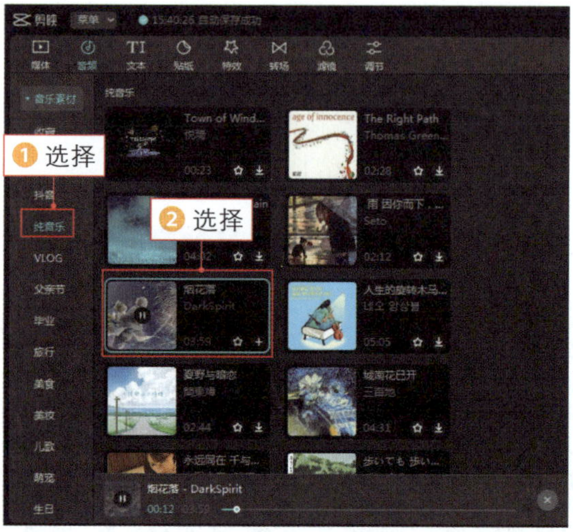

图6-68　进行试听

步骤 04 单击音乐卡片中的添加按钮+，即可将其添加到时间线窗口的音频轨道中，如图 6–69 所示。

图6-69　添加背景音乐

用户如果看到喜欢的音乐，可以点击✩图标，将其收藏起来，待下次剪辑视频时可以在“收藏”列表中快速选择该背景音乐。

步骤 05 ❶ 将时间轴拖曳至视频结尾处；❷ 单击“分割”按钮，如图 6–70 所示。

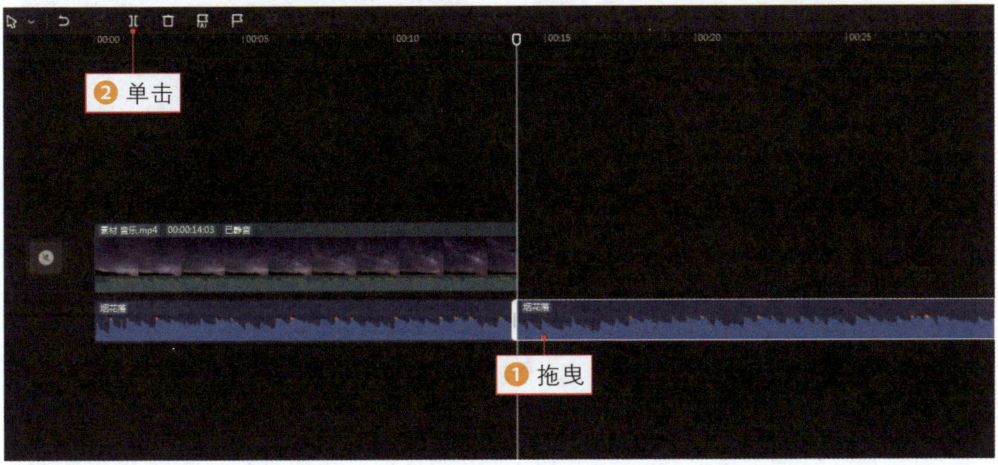

图6-70　**单击“分割”按钮**

步骤 06 选择分割后的多余音频片段，单击“删除”按钮，即可删除多余的音乐片段，如图 6–71 所示。

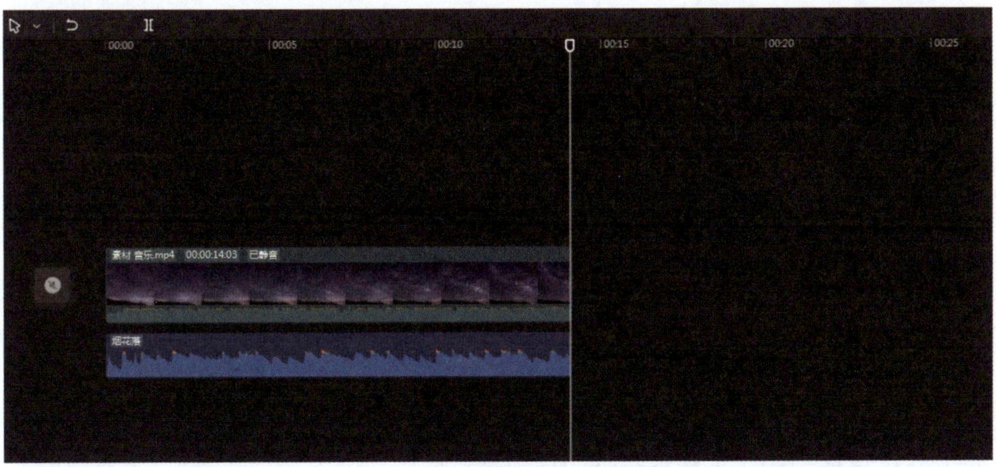

图6-71　**单击“删除”按钮**

步骤 07 执行操作后，在剪映 App 中播放预览视频效果，创作者还可以根据需要更换音乐效果，如图 6–72 所示。

图6-72　预览视频效果

6.3 视频种草：视频是最好的营销利器

通过视频这种种草形式，能够让用户更加直观清楚地看到商品的方方面面，从而对其有一个直观的判断。只要商品在视频中能呈现出一个好的效用，那么就一定有用户对其种草，从而下单购买。

6.3.1 选品秘诀：打造爆款种草视频

选品，顾名思义，就是选产品，选你在视频中和其他用户分享的产品。在小红书的账号运营中，选品是十分重要的一环，一个好的选品，能够有效提高你的口碑，让粉丝对你更加信服。

那么，该如何进行选品，打造出爆款种草视频呢？下面笔者将对其进行详细阐述。

（1）根据品牌热度选品

小红书账号的运营者可以登录相关数据统计平台，如千瓜数据、飞瓜数据等，这些数据统计平台会显示电商产品的销量榜与人气榜，运营者通过数据统计平台，可以快速且精准地找到合适的商品。

图 6-73 所示为千瓜数据统计的品牌种草榜。

（2）同行业账号借鉴选品

同行业账号借鉴选品指的是小红书账号的运营者通过查找与自己处于同一行业的相关账号，查看他们选的是什么产品，从而找到适合自己账号的产品。

（3）根据产品价格、佣金选品

当小红书账号拥有 5000+粉丝之后，运营者即可申请成为品牌合作人，此时就可以根据商家给予的酬金和佣金来进行选品了，实现流量的快速变现。

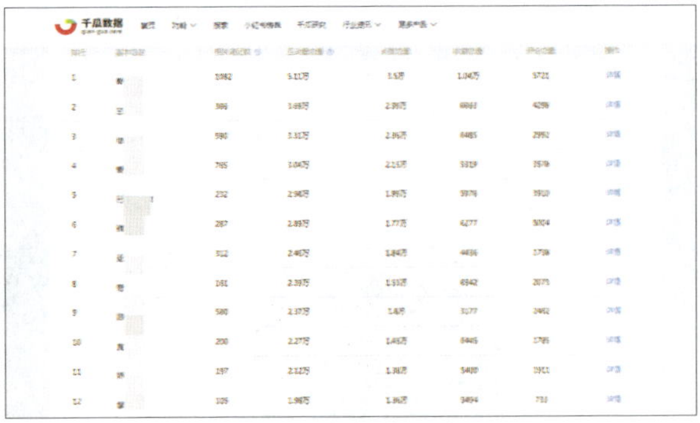

图6-73　千瓜数据统计的品牌种草榜

（4）选择“畅销”与“长销”商品

“畅销”与“长销”商品都是受到用户喜爱、反馈很好的商品，此类商品能在一定程度上提高你的可信度，从而提高人气。

（5）根据时间、地点、季节选品

这种选品方式针对的是时间限制与地点限制强的商品，如在夏天选择驱蚊水、防晒霜；在冬天选择保暖商品等。

6.3.2　产品视频：突出特性和核心卖点

在小红书带货视频中有 3 个值得关注的要点：一是产品；二是模特；三是视频结构，这 3 点对带货视频有巨大的影响。

（1）产品

在视频中突出产品的特色与卖点，运营者可以在视频笔记中展示出产品的外观、使用场景、使用方法、功效、成分等内容，重点讲述不同于其他产品的特色。

图6-74 所示为小红书 KOL 在视频笔记中突出展示服装产品的素雅、亲肤和面料舒适的特点。

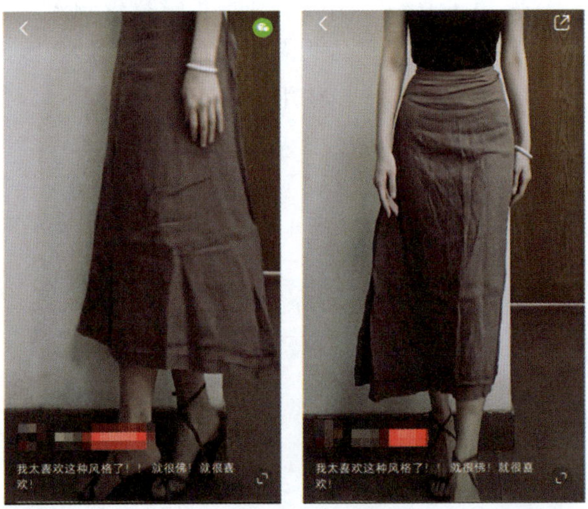

图6-74　展示产品特点

（2）模特

模特对于产品营销来说

是十分重要的，一个有表现力、面对镜头能够自然地展现产品的模特能够大大提高带货视频的成功概率。

图 6-75 所示为小红书的 KOL 在视频笔记中极具表现力地向用户介绍“种草”好看的服装产品。

图6-75　KOL“种草”服装产品

（3）视频结构

带货视频一定要遵循“黄金 6 秒”的原则。

“黄金 6 秒”指的是在一个带货视频中，能够决定用户点赞、收藏、评论、转发和下单购买产品的内容集中在前 6 秒。因此，小红书账号的运营者一定要利用这 6 秒，牢牢地抓住用户的心。

第 7 章

直播带货：打造出从种草到购买的闭环

学前提示

相比其他电商平台，小红书社区直播板块的开设在时间上更晚一点，但依托其充足的流量和以消费欲望强烈的年轻女性为主的用户群体，商家在小红书社区进行直播，对商品的销售、口碑的营销等会有长足的作用。

要点展示

※ 直播技巧：新手快速做起来的绝招
※ 带货话术：增加小红书粉丝下单积极性
※ 销售技巧：快速促活提升销量

7.1 直播技巧：新手快速做起来的绝招

要想在小红书开直播，商家首先要做好一些必要的准备工作，包括直播场地、背景装饰、网络设备、灯光设备、摄像工具、耳麦设备、声卡设备、商品摆放及隔音装置等，这些都是搭建专业带货直播间的基础元素。

此外，商家还需要学会一些开播技巧，使自己的直播间吸引更多的粉丝用户，打造出火爆直播间。

7.1.1 直播准备：搭建专业带货直播间

优秀的直播间能够增强商品氛围，促进用户下单。本节主要介绍布置小红书直播间的一些基本要素，帮助商家做好直播的准备工作，为之后的直播打好基础。

（1）直播空间

直播空间主要包括房间面积和直播角度两个部分。

1）房间面积

直播间的房间面积不宜过小或过大，通常为 20 ～ 50m²，这样不仅能够容纳直播设备和主播，而且还可以摆放足够多的商品。

2）直播角度

主播在直播时，主要包括坐姿和站姿两种姿势，如图 7-1 所示。

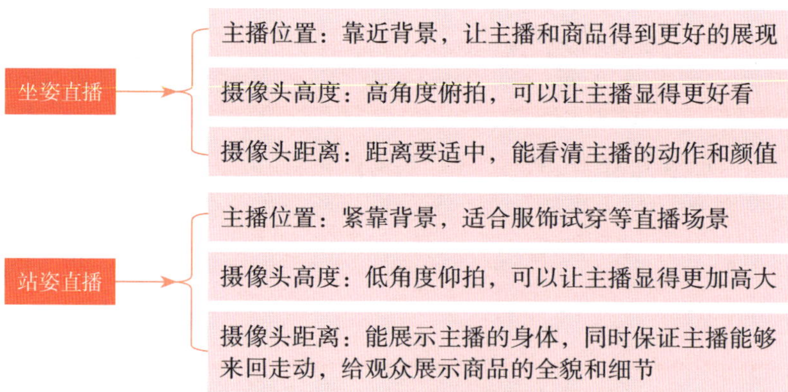

图7-1 坐姿和站姿的直播角度设置方法

（2）背景装饰

商家在选择直播间的墙纸或墙漆等背景装饰物时，需要注意一些事项，如图 7-2 所示。

- 选择直播间背景装饰的注意事项
  - 不要选择太刺眼的色彩，否则背景墙面容易反光
  - 不要选择太花哨的样式，否则容易掩盖商品的风头
  - 尽量选择简约的背景装饰，这样能够让观众的目光更多地停留在商品上

图7-2　选择直播间背景装饰的注意事项

另外，直播间的背景墙如果是白色的墙壁，则商家要尽量用墙漆、墙纸或背景布重新装饰一下，来提升直播间的视觉效果。

（3）网络设备

直播离不开网络，室内直播主要使用宽带或 WiFi 等联网方式；户外直播则需要使用无线网卡设备，手机直播还可以使用手机卡自带的流量。

不管是哪种联网方式，商家都需要确保直播时的网络畅通，建议上传速度保持在 20MB/ 秒左右，这样直播时才不会出现卡顿的情况。

（4）灯光设置

直播间的布光要求相较于拍摄短视频来说要稍低一些，通常只需要一盏顶灯和两盏补光灯即可，这也是最基本的搭配方案。

1）顶灯

顶灯通常安装在直播间的房顶上，位置最好处于主播的头顶上方 2 米左右，作为整个直播间的主光源，起到照亮主播、商品和环境的作用。商家在选择顶灯设备时，可以挑选一些有主灯和多个小灯的套装，这样能够从不同角度照射到主播，让其脸部清晰明亮，同时消除身后的背影，确保商品不会产生色差。

2）补光灯

直播间通常会用到两盏补光灯，即 LED 环形灯和柔光灯箱，两者搭配使用来增强主播和商品的直播效果。

LED 环形灯通常放置在主播的前方，将色温调节为冷色调，能够消除顶灯产生的阴影，更好地展现主播的妆容造型，以及提升产品的轮廓质感。柔光灯箱通常是成对购买的，可以放在主播或商品的两侧，其光线均匀柔和，色彩饱和度更好，层次感更丰富。

（5）摄像工具

摄像工具主要用于采集直播画面，是决定直播效果的关键设备。小红书直播对于摄像工具要求不是特别高，不像游戏直播那样，需要购买高配置的手机或电脑，小红书直播的基本要求为确保直播时的画面清晰且不卡顿即可。

（6）耳麦设备

主播在使用笔记本计算机进行直播时，如果是品牌较好的笔记本，可以直接用自带的麦克风（也称为话筒）来直播。如果是一般的台式计算机，或其他杂牌笔记本，则自带的麦克风效果就比较差了，不仅声音小，而且还可能有杂音，不推荐使用，建议买一个独立麦克风，能够让直播中的声音效果更加甜美动人。

独立麦克风一般包括动圈麦克风和电容麦克风两种类型，两者的主要优缺点如图 7-3 所示。

动圈麦克风 → 优点：价格更便宜，即使是户外的嘈杂环境下也能清晰收音
缺点：声音比较沉闷，对于人声的还原度较低

电容麦克风 → 优点：收音效果清晰，人声的还原度较高，声音更集中透亮
缺点：价格比动圈麦克风稍贵，在户外容易录到杂音，只适合在安静的室内环境下使用

图7-3　动圈麦克风和电容麦克风的优缺点

（7）声卡设备

麦克风主要用来采集声音，而声卡则主要用来处理声音，可以把麦克风收录的声音传输到计算机或手机上，同时能够让主播的声音更好听。

1）手机声卡

市场上比较好的声卡品牌非常多，如雅马哈、森然、富克斯特、艾肯、莱维特、得胜等，其中 RME、得胜、莱维特和森然这几个品牌比较适合手机直播。手机声卡的主要优势在于性价比较高、内置大容量电池、能够实现长期续航，而且可以兼容各种 APP 和直播平台。

2）计算机声卡

计算机声卡主要包括内置声卡和外置声卡两种类型。

内置声卡通常是计算机主板自带的，或者另外安装的 PCI-E 接口声卡，通常价格都非常便宜，音质效果也比较纯净。

外置声卡拥有更加丰富的接口和强大的扩展功能，但价格通常也比较昂贵，具有更好的声音品质，以及多样化的变音效果和场景音效。图 7-4 所示为艾肯（iCON）4nano 外置声卡。

（8）商品摆放

电商直播离不开商品，通常主播会同时介绍多个商品，而且同一个商品也有

很多不同的款式，因此，在直播间摆放商品也非常有讲究，商家需要根据直播的产品和类目来选择合理的摆放方式。

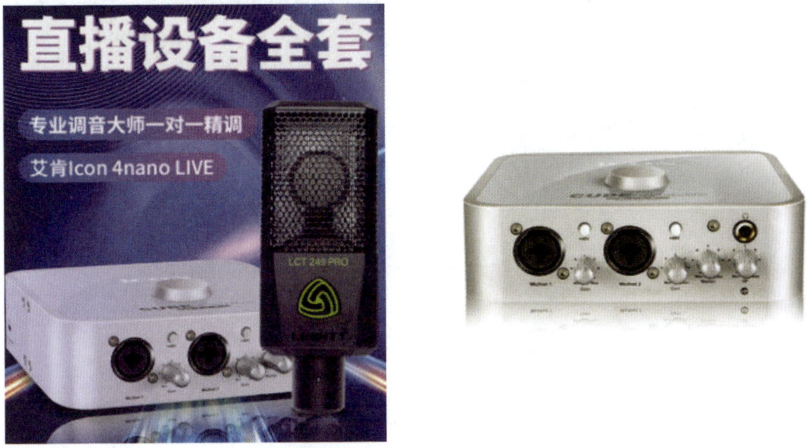

图7-4　艾肯（iCON）4nano外置声卡

货架摆放是指将商品置于货架上，放在主播身后，这种摆放形式比较适合鞋子、化妆品、零食、包包及书籍等小商品，使用货架摆放商品时，需要注意图 7-5 所示的事项。

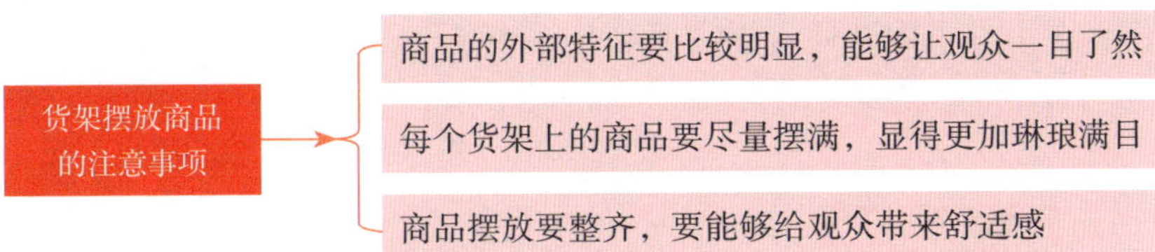

图7-5　货架摆放商品的注意事项

悬挂摆放是指用架子将商品悬挂起来，比较适合易于悬挂的商品，如衣服、裤子、雨伞及毛巾等，能够让观众对商品的整体效果有一个比较直观的了解。

桌面摆放是指将商品直接摆在桌子上，放在主播的前面，比较适合美食生鲜、美妆护肤及珠宝饰品等类目的商品。

（9）隔音装置

小红书直播主要是通过画面和声音来打动观众，促使他们下单购买商品。因此，商家需要选择一个比较安静的直播场所，并做好直播间的隔音处理。如果直播间的本身隔音效果不好，商家可以购买一些隔音海绵或者防风胶条，将其贴到门窗的缝隙上，也可以直接贴在墙上，避免附近的杂音干扰，如图 7-6 所示。

图7-6　隔音海绵（左图）和防风胶条（右图）

7.1.2　开通直播：有效实现与粉丝互动

目前小红书仅支持手机直播。手机直播的主要优势是可以随时随地开播，而且操作步骤非常简便，但手机直播的可拓展性较差，清晰度较低，同时也不能实现特效贴片装潢效果，比较适合新开播商家或不熟悉计算机操作的商家。

小红书直播是小红书社区中面向 KOL 推出的实时互动工具，KOL 可以在直播间进行更加生动有趣的购物分享、生活分享、好物带货，以及与粉丝进行亲密互动。

创作者在小红书中开通直播需要满足 3 个条件，如图 7-7 所示。

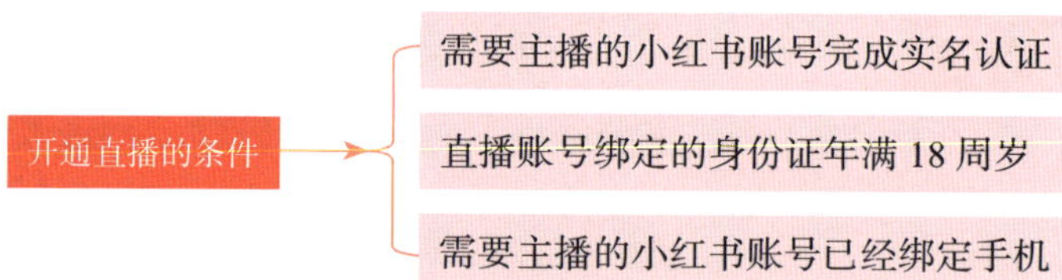

图7-7　在小红书开通直播需要满足的条件

需要注意的是，如果商家想要在小红书社区申请开通带货直播权限，则首先需要开通企业号，开通企业号的条件前文中已有阐述，这里不再赘述，当企业号满足相应条件后，方可申请开通直播。

企业号申请开通直播的条件有如下 3 个：

1）粉丝数量达到 500。

2）有一定的活跃度，如在过去的 28 天中，有 15 天登录小红书 App。

3）现阶段小红书直播只限定部分行业，如 3C 及电器、餐饮、生活服务、出行旅游、文化传媒、家居建材、教育培训、交通工具、工农业和通信。

★ 专家提醒 ★

值得注意的是，现阶段小红书社区的直播暂不支持回放功能，因此，商家或者个人主播在直播时一定要清楚直观地将商品优劣展示给其他用户，在直播过程中促使他们下单购买。

7.1.3　直播运营：打造百万月销直播间

商家只有做好直播运营的相关工作，如遵守小红书平台的直播规则，做好封面和标题的优化，以及把握好直播各阶段的细节事项等，才能让自己的直播间获得更多的曝光和流量，为店铺带来更多消费人群。

（1）直播规则

商家要想在小红书平台进行直播，需要遵守小红书平台的《小红书直播带货管理规则》，这项规则于 2021 年 5 月 24 日正式生效。如果商家没有遵守相应的直播规则，很可能面临封号的危险。

图 7-8 所示为小红书社区的《小红书直播带货管理规则》的部分条例，需要广大商家注意。

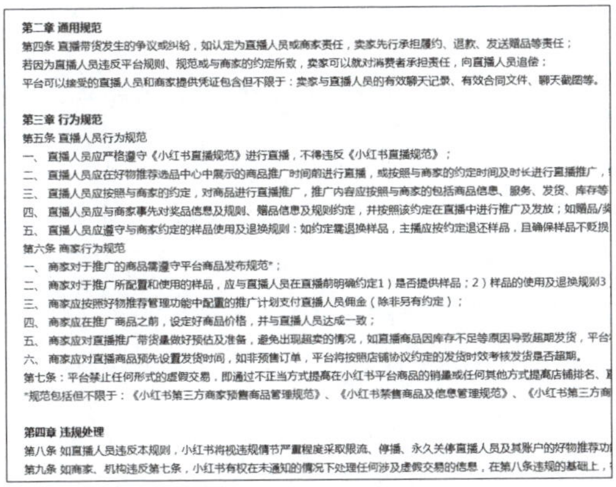

第二章 通用规范

第四条 直播带货发生的争议或纠纷，如认定为直播人员或商家责任，卖家先行承担履约、退款、发送赠品等责任；

若因为直播人员违反平台规则、规范或与商家的约定所致，卖家可以就对消费者承担责任，向直播人员追偿；

平台可以接受的直播人员和商家提供凭证包含但不限于：卖家与直播人员的有效聊天记录、有效合同文件、聊天截图等。

第三章 行为规范

第五条 直播人员行为规范

一、 直播人员应严格遵守《小红书直播规范》进行直播，不得违反《小红书直播规范》；

二、 直播人员应在好物推荐选品中心中展示的商品推广时间前进行直播，或按照与商家的约定时间及时长进行直播推广，

三、 直播人员应按照与商家的约定，对商品进行直播推广，推广内容应按照与商家的包括商品信息、服务、发货、库存等

四、 直播人员应与商家事先对奖品信息及规则、赠品信息及规则约定，并按照该约定在直播中进行推广及发放；如赠品/奖

五、 直播人员应遵守与商家约定的样品使用及退换规则：如约定需退换样品，主播应按约定退还样品，且确保样品不贬损

第六条 商家行为规范

一、 商家对于推广的商品需遵守平台商品发布规范*；

二、 商家对于推广所配置和使用的样品，应与直播人员在直播前明确约定1）是否提供样品；2）样品的使用及退换规则3

三、 商家应按照好物推荐管理功能中配置的推广计划支付直播人员佣金（除非另有约定）；

四、 商家应在推广商品之前，设定好商品价格，并与直播人员达成一致；

五、 商家应对直播推广带货量做好预估及准备，避免出现超卖的情况，如直播商品因库存不足等原因导致超期发货，平台

六、 商家应对直播商品预先设置发货时间，如非预售订单，平台将按照店铺协议约定的发货时效考核发货是否超期。

第七条：平台禁止任何形式的虚假交易，即通过不正当方式提高在小红书平台商品的销量或任何其他方式提高店铺排名、

*规范包括但不限于：《小红书第三方商家预售商品管理规范》、《小红书禁售商品及信息管理规范》、《小红书第三方商

第四章 违规处理

第八条 如直播人员违反本规则，小红书将视违规情节严重程度采取限流、停播、永久关停直播人员及其账户的好物推荐功

第九条 如商家、机构违反第七条，小红书有权在未通知的情况下处理任何涉及虚假交易的信息，在第八条违规的基础上，

图7-8　《小红书直播带货管理规则》的部分条例

（2）视觉优化

商家在小红书平台上直播时，还需要对直播间进行一定的视觉优化处理，包括直播封面、直播标题、直播公告及主播妆容等细节，从而让直播间获得平台的推荐，赢得更多的流量。

1）直播封面

小红书直播的封面图通常包括主播人像图和带货商品图两种类型，不同的类

型有不同的封面质量标准，下面进行具体介绍。

对于歌舞娱乐类或者专业技能类的主播来说，可以使用自己的人像图作为直播封面，具有打造个人 IP（Intellectual Property，知识产权）的作用。优质人像封面图的相关标准如图 7-9 所示。

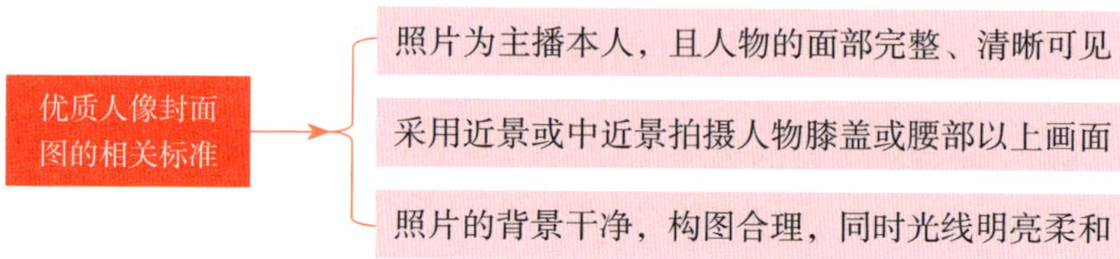

图7-9　优质人像封面图的相关标准

如果商家的目的不是打造个人 IP，而是想通过直播来卖货提升商品的销量，那么就可以选择商品图作为直播封面。优质商品封面图的相关标准如图 7-10 所示。

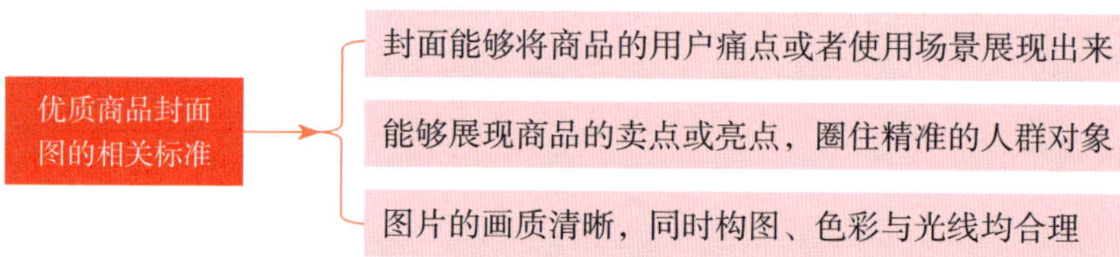

图7-10　优质商品封面图的相关标准

2）直播标题

小红书直播的标题需要简单明了，让观众快速了解你直播的是什么商品或内容；或者使用煽动性很强的标题，促使观众前往你的直播间购买产品。

卖货类直播标题：优质的卖货直播间标题需要明确直播主题，突出内容亮点。下面为卖货类直播标题的一些常用模板。

模板 1：使用场景 / 用户痛点 + 商品名称 + 功能价值。

模板 2：情感共鸣型标题，更容易勾起观众的怀旧心理或好奇心。

模板 3：风格特色 + 商品名称 + 使用效果。

模板 4：突出活动和折扣等优惠信息。

3）直播公告

直播间的公告牌拥有很多使用场景，而且商家可以自行策划其中的文案内容，方便在不同时间进入直播间的观众查看本场直播的重点信息。

4）主播妆容

一个好的妆容，可以让主播看上去更加精神。对于在小红书平台上开播的主播来说，妆容的基本原则是“简单大方，衣着整洁”。

其实，小红书主播的妆容和日常生活中的妆容并没有太大的差别，只要注意好化妆和穿搭过程中的一些小要领即可，从而更好地把直播主题与个人形象相结合，做到相得益彰。

7.1.4　直播管理：让直播更加轻松便捷

直播管理需要商家对直播间人员进行细致分工，一个完整的小红书直播间包括主播、助播、运营、场控、数据分析及客服等工作人员。当然，有能力的商家也可以身兼数职，但同样需要理清这些直播角色的功能，这样才够事半功倍，提升直播间的带货效率。

（1）主播

小红书主播不同于其他电商平台的主播，他们可能会经常跨品牌和类目进行带货，而小红书则要求主播要深入了解自己所带货的商品。商家在选择主播时，或者将自己打造为店铺主播时，还有一些基本要求，具体如图 7-11 所示。

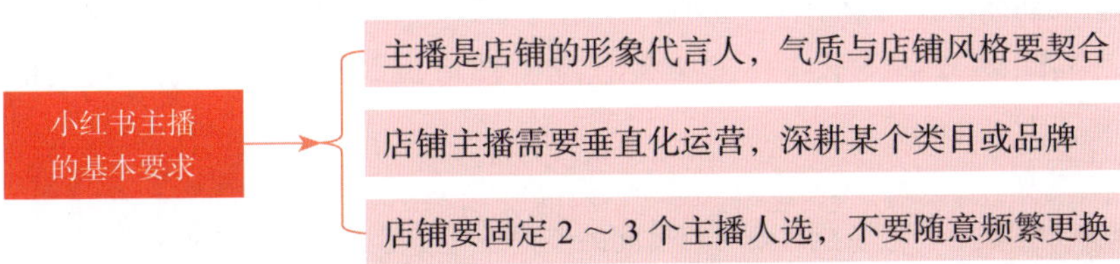

图7-11　小红书主播的基本要求

（2）助播

助播简单理解就是帮助主播完成一些直播工作，也可以称之为主播助理，其工作内容包括直播策划、协助直播、参与直播，具体如图 7-12 所示。对于主播来说，助播能够起到锦上添花的作用，一主一辅相互配合，彼此是一种相互依赖的关系。

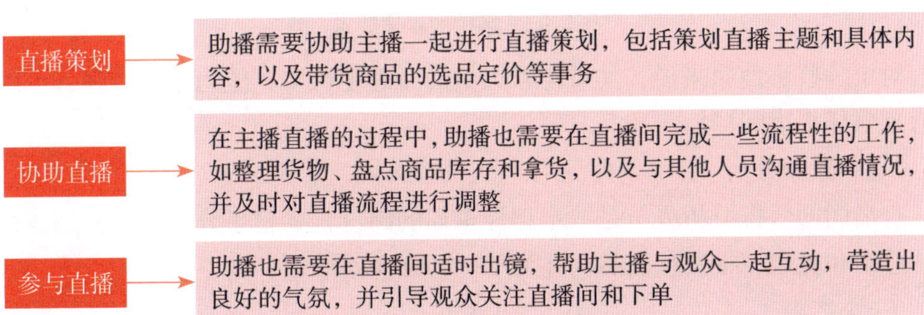

图7-12　助播的具体工作内容

（3）运营

直播间运营是一个非常重要的岗位，主要工作任务都在直播前期的策划上，如图 7-13 所示。

策划直播的脚本 →	带货直播的脚本形式比较简单，商家做直播主要是为了卖货，运营人员需要在直播脚本中将整个直播流程写清楚，如直播间先做哪些事情，再做哪些事情等
策划与执行活动 →	运营人员需要定期为直播间举办一些活动，或者跟随拼多多平台推出的活动步伐来做活动，以及设计一些直播间的互动玩法，同时还需要做好活动的引流推广，吸引消费者参与
直播商品的选品 →	运营人员必须十分了解要在直播间上架的商品，能够对产品和运营方案进行持续改善，这样才能将选品和活动更好地融合起来，以及挑选出与品牌调性相符的主播

图7-13　运营的具体工作内容

（4）场控

对于主播来说，直播间的场控是一个炒热气氛的重要岗位，不仅可以帮助主播控制直播间的节奏，解决一些突发状况，还可以引导粉丝互动。直播间场控的具体要求如图 7-14 所示。

控制直播节奏 →	场控需要对直播间的流程进度了然于胸，时刻提醒主播接下来该做什么，把控好主播的节奏
引导粉丝 →	对于粉丝进场要表示欢迎，粉丝下单要表示感谢，以及给主播适当送礼进行热场，并提醒主播与粉丝及时互动
解决突发状况 →	当直播间出现临时上下架商品、价格库存变动及优惠调整等情况时，场控需要立即处理相关的事务

图7-14　场控的具体要求

对于一些小商家来说，如果运营人员的时间足够多，能力也比较强，可以由运营来兼任直播间场控一职。

（5）数据分析

直播间的数据分析人员是一个把控全局的岗位，要善于分析数据，做好直播间的总结和复盘，推爆款商品，并为下一场直播做准备。

（6）客服

直播间的客服的主要工作是引导买家观看直播和下单，同时解决观众在直播间提出的问题，促进直播间的成交转化率。

需要注意的是，客服在给店铺直播间引流时，只需要在黄金时刻进行即可。当然，如果直播间全天的流量都非常大，也可以让客服加强引导买家到直播间的频率。

7.1.5　直播脚本：稳定每日数万人观看

对于一场成功的小红书直播来说，商家不仅要有好的选品、渠道和主播，还必须有好的脚本策划，也就是说商家在直播间要说一些什么话。直播与短视频一样，都需要策划好的脚本。

（1）直播开场

在直播开场阶段，观众的心里通常想的是“这个直播间到底是卖什么产品的”，他们进入直播间后一开始都是抱着“随便瞧瞧”的想法。

因此，主播在开始直播后，要立刻进入状态，进行自我介绍，话语要有一定的亲密感，来拉近彼此的距离。接下来，主播需要表明本场直播的活动主题。图 7-15 所示为笔者整理的一些直播开场脚本示例。

脚本示例一
- 1 分钟：快速进入状态，与进入直播间的观众逐个打招呼
- 1 ～ 5 分钟：拉近镜头拍摄主播或产品的近景，在与观众互动（签到打卡或抽奖）的同时，透露本场直播的主打爆款，并强调每天的固定直播时间

脚本示例二
- 1 分钟：说出本场直播的利益点，如每个商品都有抽奖活动、红包派送及大让利折扣等，并通过留言抽奖活动发动观众互动刷屏
- 1 ～ 5 分钟：以讲故事的方式，将产品的品牌、厂家、口碑和销量等内容讲出来，引起观众的好奇心，为直播间聚集更多人气

图7-15　直播开场脚本示例

（2）介绍产品

主播在介绍某个产品时，应该全方位地展示产品的相关信息。以服装产品为例，主播需要介绍服装的搭配技巧和适用场合。图 7-16 所示为笔者整理的一些产品介绍环节的直播脚本示例。

1～3 分钟 → 直播内容：主播可以模拟产品的使用场景，来戳中用户的痛点
直播目的：锁定目标用户群体，激发用户需求

3～6 分钟 → 直播内容：通过官方授权、正品保证、权威认证及售后服务等产品介绍，告诉观众该产品能够满足他们的需求
直播目的：为产品举证，增强观众下单的信心

6～9 分钟 → 直播内容：拿出竞品进行对比，展现自己的产品性价比更高
直播目的：说服犹豫不定的观众，打消他们的购买疑虑

图7-16　产品介绍环节的直播脚本示例

（3）互动阶段

互动环节的主要目的在于活跃直播间的气氛，让直播间变得更有趣，避免产生尬场的状况。在策划直播脚本时，主播可以多准备一些与观众进行连麦互动的话题，如图 7-17 所示。

契合直播主题 → 根据直播主题选出本场直播的相关互动话题，多积累与产品相关的专业知识，了解买家痛点，能够做到脱口而出

紧扣时下热点 → 通过借势传统节日热点、社会热点事件及自创热点等方法，找到产品与热点之间的共鸣点，来打动观众

图7-17　找互动话题的相关技巧

当然，在一场完整的直播中还包括优惠、秒杀、使用感受等环节。表 7-1 所示为一个简洁明了的直播脚本范本。

表7-1　简洁明了的直播脚本范本

×× 店铺 × 月 × 日直播脚本				
直播时间	× 年 × 月 × 日　晚上 × 点～ × 点			
直播主题				
直播准备	（场地、设备、赠品、道具以及商品等）			
时间点	总流程	主播	产品	备注
× 点 × 分	开场预热	跟观众打招呼并进行互动，引导关注	/	/
× 点 × 分	讲解 1 号产品	讲解产品：时间 10 分钟 催单：时间 5 分钟	×× 产品	/
× 点 × 分	互动游戏或连麦等	互动：主播与助播互动，发动观众参与游戏 连麦：与 ×× 直播间 ×× 主播连麦	/	拿出准备好的道具
× 点 × 分	秒杀环节	推出秒拼、甩卖及拍卖等直播商品	×× 产品	/
× 点 × 分	优惠环节	跟观众打招呼，同时与其进行互动，用优惠价格提醒观众下单，并再次引导关注	×× 产品	/

7.2 带货话术：增加小红书粉丝下单积极性

主播在直播过程中，最需要的就是和粉丝进行互动和沟通，用自己的话术来吸引粉丝目光并获取流量，从而使商品可以卖出去，提高自己的带货效果。

掌握一定的带货话术能够让你的直播间更加妙趣横生，能使观众对你和你推荐的产品更加信服。在某种程度上，好的带货话术能够大大提高直播间的观众留存率，极大地增加商品销量。

7.2.1 语言能力：打造直播带货口才

出色的小红书主播都拥有强大的语言能力，有的主播会多种语言，让直播间多姿多彩；有的主播讲段子张口就来，让直播间妙趣横生。那么，主播该如何提高语言能力，打造一流的口才呢？

（1）语言表达

一个人的语言表达能力在一定程度上体现了这个人的情商。对于小红书平台上的主播来说，可以从以下几方面来提高自己的语言表达能力。

1）语句表达

在语句的表达上，主播需要注意以下两点：

首先，主播需要注意话语的停顿，把握好节奏。

其次，主播的语言表达应该连贯，听着自然流畅。

2）肢体语言

单一的话语可能不足以表达，主播可以借助动作和表情进行辅助表达，尤其是眼神的交流，其次夸张的动作可以使语言更显张力。

3）自身知识

主播可以在线下注重提高自身的修养，多阅读，增加知识的积累。大量阅读可以增加一个人的逻辑能力与语言组织能力，进而帮助主播更好地进行语言表达。

4）学会倾听

懂得倾听是人品好的一种体现方式，小红书上的带货主播要学会倾听观众的心声，了解他们的需求，才能更快地把商品卖出去。

在主播和观众交流沟通的互动过程中，虽然表面上看来是主播占主导，但实际上是以观众为主。观众愿意看直播的原因就在于能与自己感兴趣的人进行互动，主播要了解观众关心什么、想要讨论什么话题，就一定要认真倾听观众的心声和反馈。

（2）聊天语言

如果主播在小红书直播间带货时不知道如何聊天，遭遇冷场怎么办？为什么有的主播能一直聊得火热？那是因为主播没有掌握正确的聊天技能。

1）感恩心态

俗话说得好：“细节决定成败！”如果在直播过程中主播对细节不够重视，那么观众就会觉得主播有些敷衍。在这种情况下，直播间的粉丝很可能会出现快速流失的情况。相反，如果主播对细节足够重视，观众就会觉得他是在用心直播。当观众在感受到主播的用心之后，也会更愿意关注主播和下单购物。

在直播的过程中，主播应该随时感谢观众，尤其是进行打赏的观众，还有新进入直播间的观众。除了表示感谢之外，主播还要通过认真回复观众的评论，让观众看到你对他们是很重视的，这也是一种转化粉丝的有效手段。

2）换位思考

面对观众进行个人建议的表达时，首先主播可以站在观众的角度，进行换位思考，这样更容易了解回馈信息的观众的感受，如图 7-18 所示。

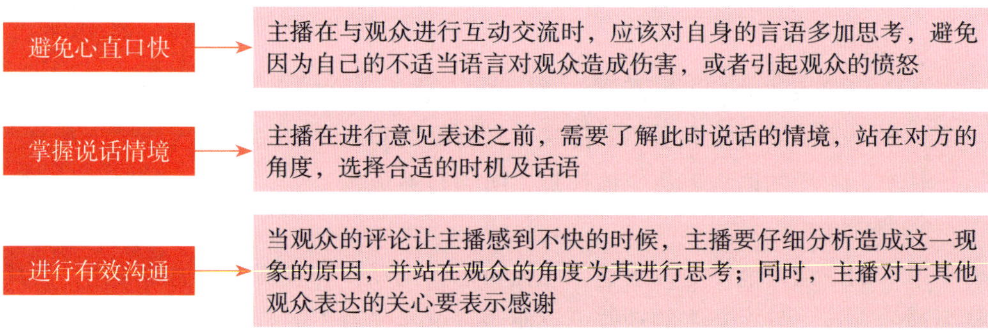

图7-18　换位思考的体现

3）保持谦逊

主播在面对观众的夸奖或批评时，需要保持谦虚礼貌的态度，即使成为热门的主播也需要保持谦虚。谦虚耐心会让主播获得更多粉丝的喜爱，即使是热门的主播，保持谦虚低调也能让主播的直播生涯更加顺畅，并获得更多的“路人缘”。

4）适可而止

在直播聊天的过程中，主播要注意把握好尺度，懂得适可而止。如果在直播中主播不小心说了错话，惹得观众愤怒，此时主播应该及时向观众道歉。

5）幽默风趣

口才幽默风趣的主播，更容易获得观众的喜爱，而且还能体现出主播个人的内涵和修养。所以，一个专业的拼多多带货主播，必然少不了幽默技巧。在生活中，很多幽默故事就是由生活的片段和情节改编而来的。因此，幽默的第一步就是收集搞笑的段子和故事等素材，然后合理运用，先模仿再创新。

（3）销售语言

下面介绍几种能够提高主播销售语言能力的方法。

1）提出问题：直击消费者的痛点和需求点。

2）放大问题：尽可能放大用户忽略的细节。

3）引入产品：用产品解决前面提出的问题。

4）提升高度：详细讲解产品，提升附加值。

5）降低门槛：打破消费者购买的心理防线。

7.2.2　话术模板：快速卖出直播间产品

主播在直播带货过程中，除了要把产品很好地展示给观众以外，还要掌握一些直播带货技巧和话术，这样可以更好地进行产品的推销，提高主播的带货能力，从而让主播的商业价值得到增值。

（1）介绍法

介绍法是介于提示法和演示法之间的一种方法。主播在小红书直播间带货时，可以用一些生动形象和有画面感的话语来介绍产品，达到劝说观众购买产品的目的。图 7-19 所示为介绍法的 3 种操作方式。

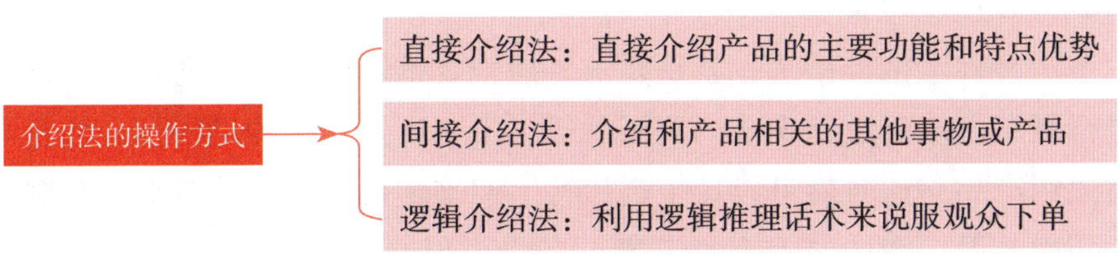

图7-19　介绍法的3种操作方式

（2）赞美法

赞美法是一种常见的直播带货话术，这是因为每个人都喜欢被人称赞。在这种赞美的情景之下，被赞美的人很容易情绪高涨愉悦，从而购买主播推荐的产品。主播可以将产品能够为观众带来的改变说出来，告诉观众他们使用了产品后，会变得怎么怎么样，通过赞美的语言来为观众描述梦想，让观众对产品心生向往。

“三明治赞美法”是赞美法中比较被人推崇的一种表达方法，它的表达方式如下：首先，根据对方的表现来称赞他的优点；然后，提出希望对方改变的不足之处；最后，重新肯定对方的整体表现状态。通俗来讲就是先褒奖，再说实情，最后说一个总结的好处。

（3）强调法

强调法，也就是需要主播不断向观众强调这款产品是多么好，多么适合他，类似于“重要的话说三遍”。

当主播想大力推荐一款产品时，可以通过强调法来营造一种热烈的氛围，这样观众在这种氛围的引导下，会不由自主地下单。强调法通常用于在直播间催单，能够让犹豫不决的观众立刻行动起来，相关技巧如图 7-20 所示。

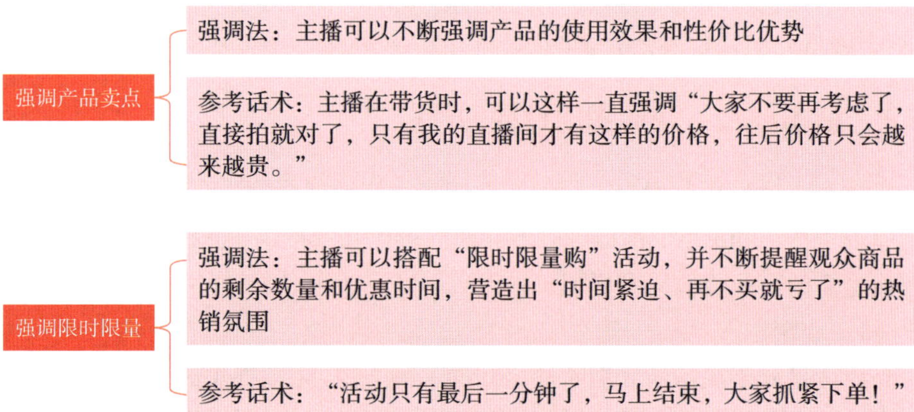

图7-20　强调法的相关技巧

（4）示范法

示范法又称示范推销法，就是要求主播把要推销的产品，通过亲自试用来给顾客进行展示，从而激起观众的购买欲望。由于直播带货的局限性，使得观众无法亲自试用产品，这时就可以让主播代替他们来使用产品，让观众更直观地了解产品的使用效果。图 7-21 所示为示范法的操作思路。

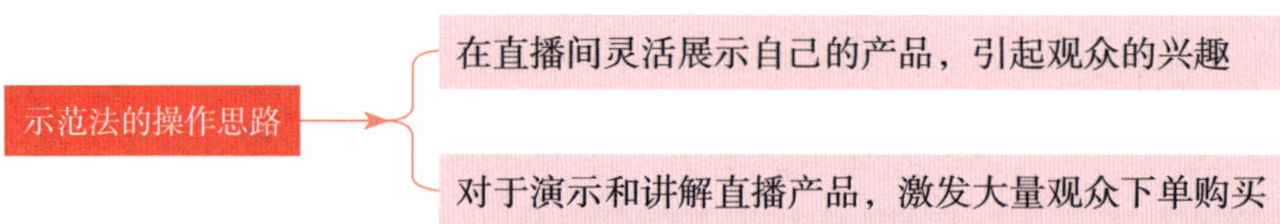

图7-21　示范法的相关技巧

（5）限时法

限时法是指主播直接告诉观众，本场直播在举行某项优惠活动，这个活动到哪天截止，在这个活动期，观众能够得到的利益是什么。此外，主播还需要提醒观众，在活动期结束后，再想购买，就要花更多的钱。

参考话术："亲，这款服装，我们今天做优惠降价活动，今天就是最后一天了，您还不考虑入手一件吗？过了今天，价格就会回到原价位，和现在的价位相比，足足多了几百的差距呢！如果您想购买这款服装的话，必须得尽快下单哦，机不可失，时不再来。"

7.2.3　营造氛围：活跃直播间不尬场

在小红书平台上，直播作为一种卖货的空间，主播要通过自己的言行在整个环境氛围上营造出紧张感，给观众带来时间压力，刺激他们在直播间中下单。

主播在直播带货时，必须时刻保持高昂的精神状态，将直播当成现场演出，这样观众也会更有沉浸感。本节将介绍一些营造直播带货氛围的相关话术技巧，帮助主播更好地去引导观众下单。

（1）开场招呼

主播在开场时要记得跟观众打招呼，下面是一些常用的模板。

"大家好，主播是新人，刚做直播不久，如果有哪些地方做得不够好，希望大家多包容，谢谢大家的支持。"

"我是 ××，将在直播间给大家分享 ×××，而且还会每天给大家带来不同的惊喜哟，感谢大家捧场！"

"欢迎新进来的宝宝们，来到 ×× 的直播间，支持我就加个关注吧！"

"欢迎 ×× 进入直播间，×× 产品现在下单有巨大优惠哦，千万不要错过了哟！"

"×× 产品秒杀价还剩下最后十分钟，进来的朋友们快下单哈！错过了这波福利，可能要等明年这个时候了哦！"

（2）时间压力

有很多人做过相关的心理学实验，都发现了一个共同的特点，那就是"时间压力"的作用。

在用数量性信息来营造出超高的时间压力环境下，消费者很容易产生冲动性的购买行为。

在用内容性信息来营造出较低的时间压力环境下，消费者在购物时则会变得

更加理性。

主播在直播带货时也可以利用“时间压力”的原理，通过自己的语言魅力营造出一种紧张状态和从众心理，来降低观众的注意力，同时让他们产生压力，忍不住抢着下单。

（3）暖场互动

在小红书直播中，主播也需要和观众进行你来我往的频繁互动，这样才能营造出更火热的直播氛围。

因此，主播可以利用一些互动话术和话题，吸引观众深度参与到直播，相关技巧如图 7-22 所示。

提起明星代言人	主播可以提起产品的明星代言人，并询问：“×××（明星名字）的粉丝来了吗？”这种话术可以用于介绍产品的开头部分，能够激活该明星的粉丝的活跃度
进行抽奖活动	在电商直播中，抽奖时常用的话术为：“话不多说，我们先来抽波奖。”“话不多说”可以表现出主播宽宏的气量，同时也能够让观众的精神马上振奋起来，积极参与抽奖活动
多提自己的名字	主播在直播时可以多次提及自己的名字，来吸引观众的注意力，并强化自身的标签，参考话术为：“喜欢××（主播名字），就请多多关注我。”

图7-22 暖场互动话术的相关技巧

（4）观众提问

许多观众之所以会对主播进行评论，主要就是因为他对于产品或直播中的相关内容有问题。针对这一点，主播在策划直播脚本时，应尽可能地选择一些能够引起观众讨论的内容。这样做出来的直播自然会有观众感兴趣的点，而且观众参与评论的积极性也会更高一些。当观众对主播进行提问时，主播一定要积极做好回复，这不仅是态度问题，还是获取观众好感的一种有效手段。

（5）卖货话术

对于小红书的主播来说，卖货是必须掌握的技能。因此，主播需要掌握卖货的话术技巧，来提升直播间的气势和氛围，促使观众跟随节奏去下单，如图 7-23 所示。

主播要想在直播间卖货，前提条件是直播间有足够的氛围和人气，这样才能提起观众的兴趣，让他们更愿意在直播间停留，从而增加更多成交和转化的机会。

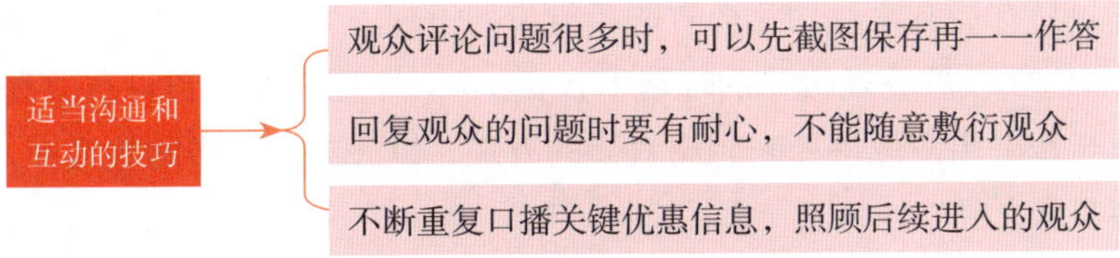

图7-23　适当沟通和互动的技巧

7.3 销售技巧：快速促活提升销量

主播在拼多多直播间卖货时，如何把产品销售出去，是整场直播的核心。主播不仅需要运用话术技巧和观众进行互动、交流，同时还要通过活动和利益点来抓住观众的消费心理，从而促使他们完成最后的下单行为。

7.3.1 销售心得：如何在直播间卖货

在小红书平台上，想要打动直播间观众的心，让他们愿意下单购买，主播需要先锻炼好自己的直播销售技能。下面，笔者将分享一些关于直播销售的心得体会，来帮助主播更好地进行直播卖货工作。

（1）转变身份

直播销售是一种通过屏幕和观众交流、沟通的职业，它必须依托直播方式来让观众进行购买行为，这种买卖关系使得主播更加注重建立和培养自己与观众之间的亲密感。

因此，主播不再是冷冰冰的形象或者单纯的推销机器，而渐渐演变成为更加亲切的形象。主播会通过和观众实时的信息沟通，及时根据观众的要求进行产品介绍，或者回答观众提出的有关问题，实时引导观众进行关注、加购和下单等操作。

当主播的形象变得更加亲切和平易近人后，观众对于主播的信任和依赖会逐渐加深，也会开始寻求主播的帮助，借助主播所掌握的产品信息和相关技能，帮助自己买到更加合适的产品。

（2）情绪管理

主播在直播卖货过程中，为了提高产品的销量，会采取各种各样的方法来达到自己想要的结果。但是，随着步入拼多多直播平台的主播越来越多，每个人都在争夺流量，想要吸引粉丝、留住粉丝。

毕竟，只有拥有粉丝，才会有购买行为的出现，才可以保证直播间的正常运行。在这种需要获取粉丝流量的环境下，很多个人主播开始延长自己的直播时间，而机构也开始采用多位主播来轮岗直播的方式，以此获取更多的曝光率，被平台上的更多观众看到。

这种长时间的直播，对于主播来说，是一个非常有挑战性的事情。因为主播在直播时，不仅需要不断地讲解产品，还要积极调动直播间的氛围，同时还需要及时回复观众提出的问题，可以说是非常忙碌的，会感到极大的压力。

在这种情况下，主播就需要做好自己的情绪管理，保持良好的直播状态，使得直播间一直保持热烈的氛围，从而在无形中提升直播间的权重，获得系统给予的更多流量推荐。

（3）选对主播

销售主播这个职业，实际就是一个优秀的推销员，而作为一个直播商品推销员，最关键的就是可以获得流量，从而让直播间商品的转化率可以爆发。如果不能提高直播间的转化率，就算主播每天夜以继日地直播，也很难得到满意的结果。

主播需要对自己的商品足够了解，了解自己在卖什么，掌握商品的相关信息，这样在直播过程中才不会出现无话可说的局面。同时，主播还要学会认识自己的粉丝，最好可以记住他们的喜好，从而有针对性地向他们推荐产品。

在小红书中，商家可以选择网红 KOL 作为主播，这类主播往往会自带粉丝，且在各自领域有一定的研究，能够快速促进商品销售。

（4）选对产品

直播带货中产品的好坏会影响观众的购买意愿，主播可以从图 7-24 所示的几点来选择带货的产品。

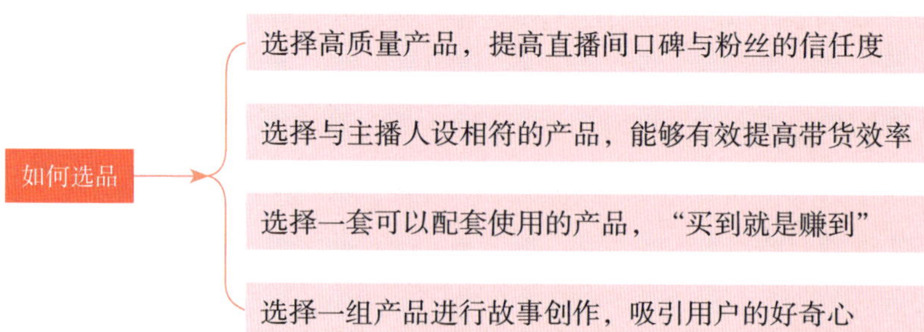

图7-24　选对产品的技巧

7.3.2　带货技巧：促进流量转化

作为小红书平台上的电商主播，每个人都能够吸引大量粉丝关注，都能成为带货达人。但是，主播如果想激发用户的购买行为，关键前提是主播能让用户察觉到产品带给他的价值。

那么，该如何做才能让用户察觉到产品带给他的价值呢？

（1）解决痛点

大部分观众进入直播间，就表明他在一定程度上对直播间是有需求的，即使当时的购买欲望不强烈，但是主播完全可以通过抓住用户的痛点，让购买欲望不强烈的观众也采取下单行为。

主播在提出痛点时需要注意，只有与观众的“基础需求”有关的问题，才能算是他们的真正痛点。“基础需求”是一个人最根本和最核心的需求，这个需求没解决的话，人的痛苦会非常明显。

因此，主播在寻找和放大用户痛点时，让观众产生解决痛点的想法后，可以慢慢地引入自己想要推销的产品，给观众提供一个解决痛点的方案。在这种情况下，很多人都会被主播提供的方案吸引。毕竟用户痛点出来了，观众一旦察觉到痛点的存在，第一反应就是消除这个痛点。

（2）打造痒点

痒点，就是满足虚拟的自我形象。打造痒点，就是需要主播在推销产品时，帮助观众营造美好的梦想，满足他们内心的渴望，使他们产生实现梦想的欲望和行动力，这种欲望会极大地刺激他们的消费心理。

（3）提供爽点

爽点，就是说用户由于某个即时产生的需求被满足后，会产生非常爽的感觉。爽点和痛点的区别在于，痛点是硬性的需求，而爽点是即刻的满足感，能够让用户觉得很痛快。

对于小红书的主播来说，要想成功把产品销售出去，需要站在用户角度来思考产品的价值。这是因为在直播间中，观众作为信息的接受者，很难直接发现产品的价值，此时就需要主播主动去帮助观众发现产品的价值。

★ 专家提醒 ★

痛点、痒点与爽点都是一种用户欲望的表现，而主播要做的就是，在直播间通过产品的价值点，来满足用户的这些欲望，这也是直播带货的破局之道。

7.3.3 促单技巧：促使观众下单购买

很多商家或主播看到别人的直播间中爆款多、销量好，难免会心生羡慕。其实，只要你用对方法，也可以打造出自己的爆款产品。

下面将从直播前和直播中两个方面入手，介绍直播带货常用的促单技巧，让观众快速下单。

（1）种草推广

商家或主播除了直接通过直播来带货外，也可以利用小红书的发布笔记功能，在直播前进行“种草”推广，为直播间带来更多的人气，同时也可以直接提升下单率。

小红书笔记分为视频笔记和图文笔记，不过在发布推广类笔记时，商家一定要注意，不能让笔记看上去太“广告”，需要分享自己的真实使用体验，力求让用户在你的笔记中看到真实。

（2）红包营销

在直播间中，发红包是一种很好的吸引用户留存的方式，红包营销在直播的各个时段都可以使用，但不同的直播时段要使用不同的营销策略，具体如图 7-25 所示。

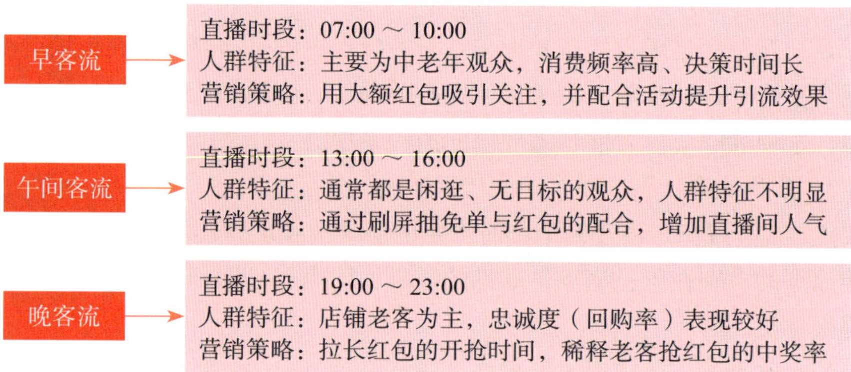

图7-25　不同直播时段的不同营销策略

第 8 章

干货教程：为用户带来更多的实用价值

学前提示

相比小红书笔记的其他内容，用户会更加喜欢能为自己带来实用价值的内容，他们乐意为这种类型的笔记点赞转发。本章笔者将介绍如何提升干货教程的创作质量、常见的 5 种笔记内容类型，以及如何写出小红书爆款热门笔记。

要点展示

※ 内容运营：提升干货教程的创作质量
※ 创作题材：常见的 5 种笔记内容类型
※ 创作技巧：写出小红书爆款热门笔记

8.1 内容运营：提升干货教程的创作质量

在小红书社区，掌握一定的内容运营手段，提升干货教程的创作质量是十分有必要的，只有好的内容才能吸引更多的用户。同样，作为最容易获取忠实粉丝的干货教程，也需要创作者认真打磨其中内容，打造出真正吸睛的爆款笔记。

8.1.1 精准用户定位

不管是在什么行业，也不管是在什么平台做什么内容，用户定位都是开启一项工作最开始要做的东西。用户定位不仅能帮助商家快速找到工作方向，更能为小红书账号快速找到运营方向。

有了一个精准的用户定位，那么一切工作都能有法可依，有规可循。那么，该如何精准定位用户，找到小红书账号运营的方向呢？笔者认为，小红书社区的用户定位可以分为 3 个步骤，如图 8-1 所示。

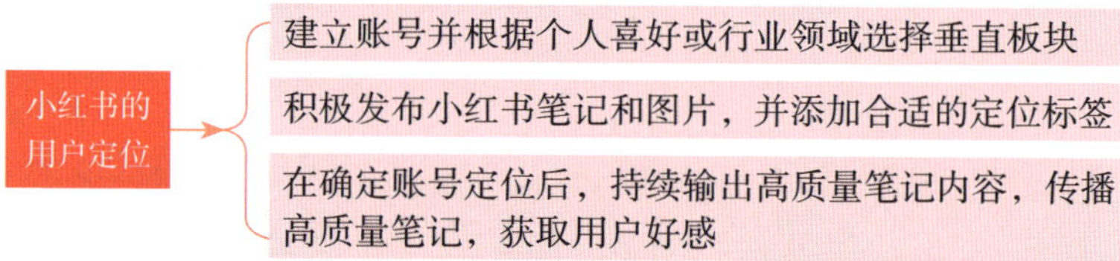

图8-1　小红书的用户定位

下面详细介绍小红书用户定位 3 个步骤的具体操作。

（1）建立账号并根据个人喜好或行业领域选择垂直板块

很多新手运营者刚加入小红书时常常会一头雾水，不知道该选择哪方面的内容，实际上每个平台都有各自的特色，账号的运营者需要事先了解平台特色，更加科学地做好账号定位。

在小红书的用户中，年轻女性占据绝大部分，而这些年轻女性又更喜欢与他人讨论美妆、护肤、瘦身、穿搭等领域的内容，这也是小红书的平台特色。

因此，小红书的账号运营者可以根据小红书社区的这种平台特色，深耕专业化的内容。运营者可以根据自己的喜好或者行业领域，垂直化生产笔记内容，吸引更多粉丝的关注。

图 8-2 所示为小红书的 KOL 根据个人喜好选择垂直板块。可以看到，这位 KOL 热爱画画，于是将自己的小红书账号定位为插画作品分享，吸引了许多用户的关注。

图8-2　**根据个人喜好选择垂直板块**

（2）积极发布小红书笔记和图片，并添加合适的定位标签

小红书的账号运营者可以根据账号定位方向，垂直化地输出专业内容，并为之添加合适的标签，从而大大提高笔记内容的曝光率，让更多用户可以搜索到你的笔记。

图 8-3 所示为 KOL 为笔记添加合适的标签，打造出高赞小红书笔记。

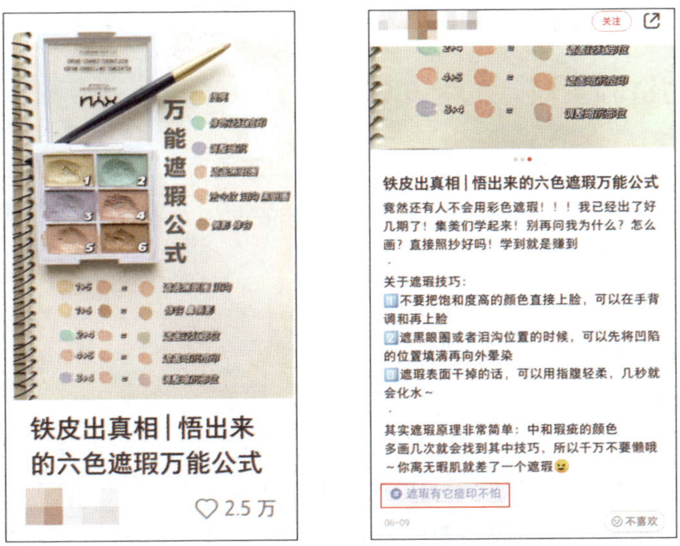

图8-3　**为小红书笔记添加合适的定位标签**

（3）持续输出高质量笔记

对于小红书笔记的内容输出，可以坚持一个原则，那就是宁愿少发高质笔记，也不要多发低质内容，精细化生产才是赢得粉丝青睐的诀窍。

图 8-4 所示为 KOL 持续输出高质量的笔记。

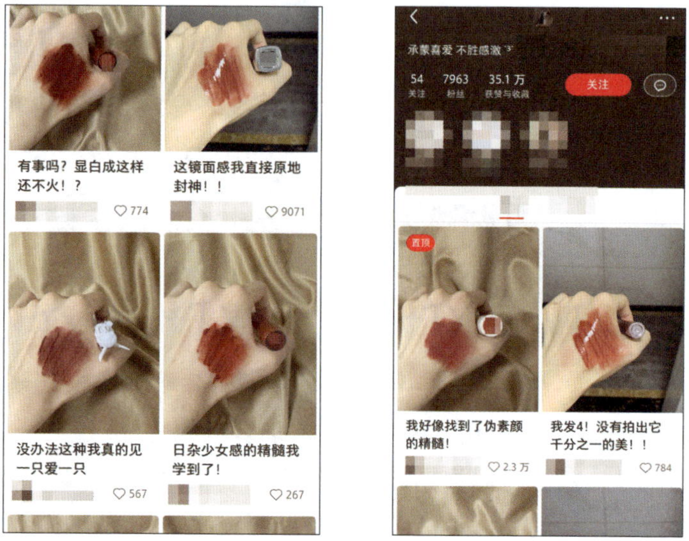

图8-4　持续输出高质量内容

可以看到，这位 KOL 将账号定位为口红试色的领域，并在长期的内容输出中形成了强烈的个人风格，获得了众多粉丝的喜爱。

8.1.2　做好选题策划

如果说小红书的笔记内容是一个人，那么选题策划就是支撑人的骨骼。一个好的选题策划，能支撑起小红书笔记的架构，帮助运营者输出高质量的笔记内容。那么该如何进行选题策划？

下面详细介绍选题策划的方法。

（1）抓住用户痛点进行选题

什么是痛点？

痛点就是当消费者对某件产品或者某个服务不满意时产生的负面情绪。将其引申至小红书的选题策划，可以说，抓住痛点进行选题，就是在全面了解用户需求的情况下，重点把握用户没有被解决的需求，并针对其打造出一篇笔记内容。

那么，痛点从何而来？笔者认为，一是在与同行竞争中通过内容比对而产生的判断；二是对用户画像进行的分析；三是对市场调研结果进行的判断。

图 8-5 所示为小红书的 KOL 抓住用户痛点发布的笔记内容。

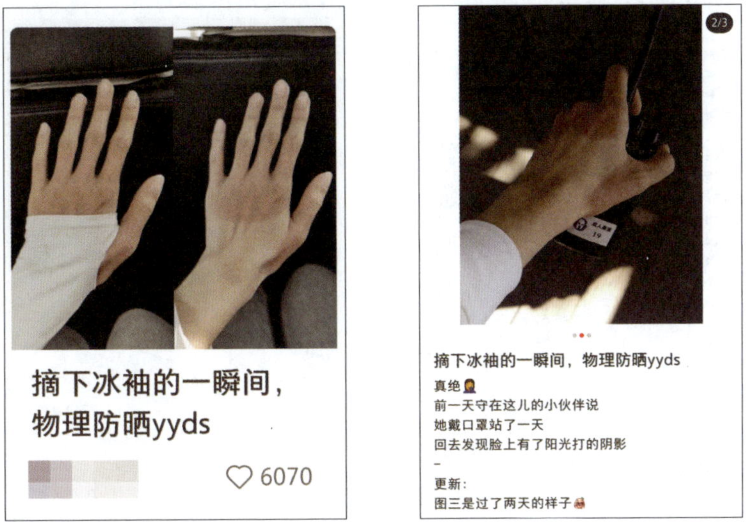

图8-5　抓住用户痛点的内容

这位网红 KOL 就很好地抓住了夏天年轻女性害怕晒黑的痛点，通过发布使用冰袖前后的对比照，向用户展示冰袖的效用与好处，同时安利好用的冰袖产品。这样的内容获得了不少用户的青睐，笔记也取得了很高的点赞量。

（2）通过抓住热点进行选题

抓住热点，顾名思义，就是根据当前的热点事件、人物、新闻或者话题来进行选题策划，是一种“蹭热度”的选题方式。一般来说，热点都自带大量的流量，只要小红书的账号运营者抓住了热点，不管输出的是何种内容，都会有用户点击观看，获得更高的阅读量。

图 8-6 所示为热点的两种类型。

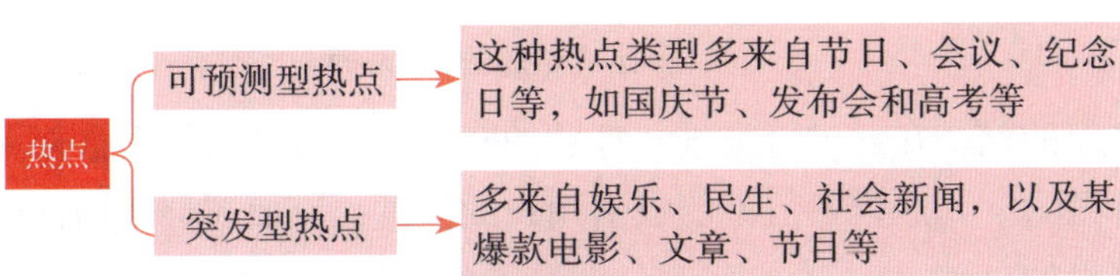

图8-6　热点的两种类型

不过，需要注意的是，虽然抓住了热点，但运营者还是要输出高质量的内容，来保证用户的后续关注，提高粉丝黏性。如果运营者抓住了热点，但输出的笔记内容并不好，那么粉丝很容易对你产生反感情绪。

所以，不仅要学会抓热点，更要抓好热点。

图 8-7 所示为 KOL 抓住节日热点，输出高质量内容。

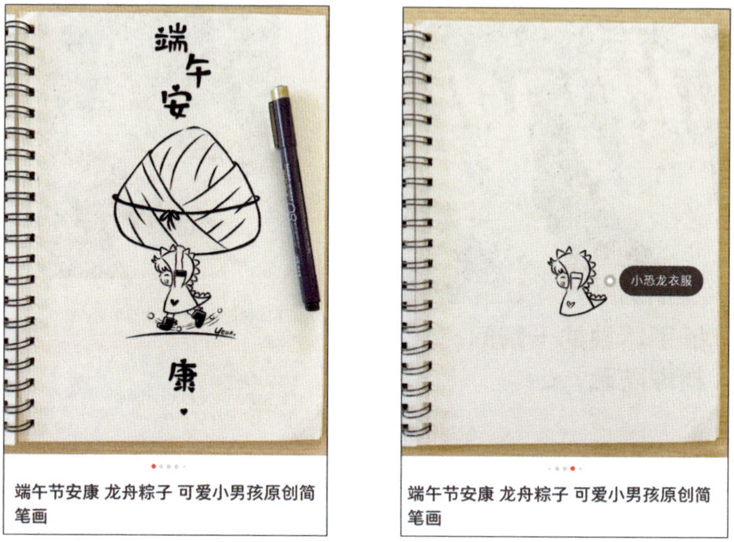

图8-7　抓住节日热点的小红书笔记

（3）通过否定进行选题

通过否定进行选题的核心就是“反其道而行之”，为用户提供一个全新的信息与知识，尤其是在标题策划中善用否定句式，调动用户的好奇心。通常来说，否定式选题的内容主要包括图 8-8 所示的 3 个方面。

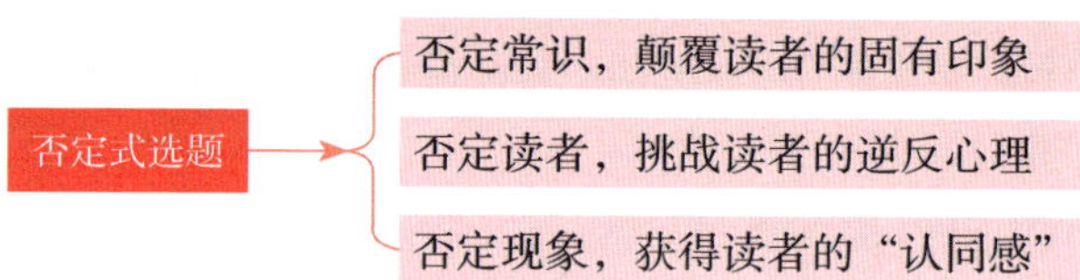

图8-8　否定式选题的3个方面

需要注意的是，在通过否定进行选题的时候，运营者需要把握好一个度，不要成为“标题党”，这样非但不能吸引用户的注意，反而还会使用户产生反感情绪，影响账号的口碑。

图 8-9 所示就是通过否定进行选题策划的小红书笔记，吸引了许多用户的关注。

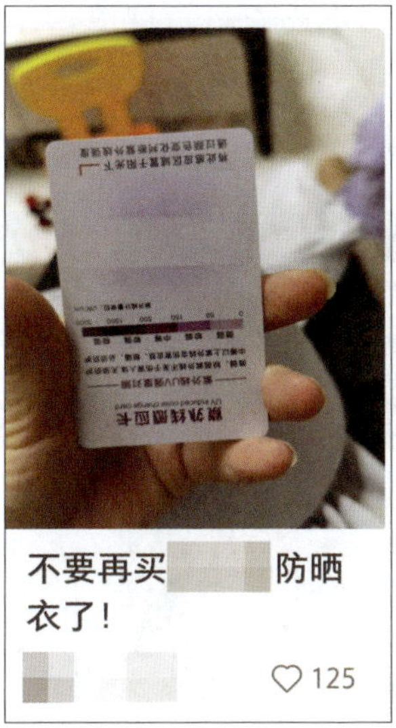

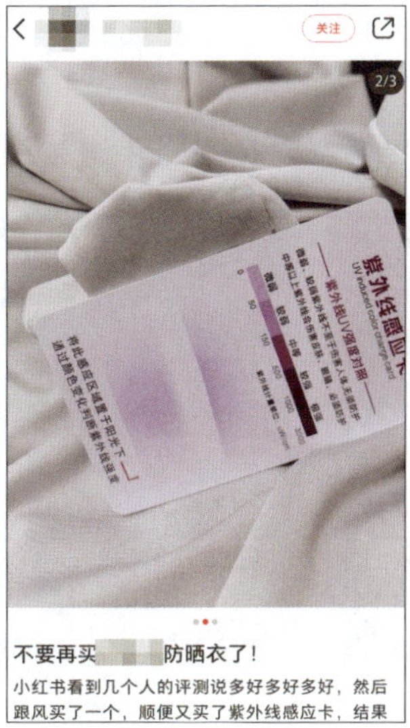

图8-9　通过否定进行选题

可以看到，在这篇小红书的选题中，运营者就是通过否定在小红书上火爆的防晒衣，极大地调动了用户的好奇心，吸引了许多用户的注意。

（4）通过感染用户情绪进行选题

感染用户情绪的前提是需要运营者在选题中植入自己的情绪，用强烈的情感来调动用户的情绪，感染用户，从而建立起一种情感认同。一般来说，这种选题策划方式更适合用户在放松时看，这时的读者更容易被小红书中的情感打动。

那么，该如何打动用户情感，与之产生情感共鸣呢？笔者认为，主要有两种方式，如图 8-10 所示。

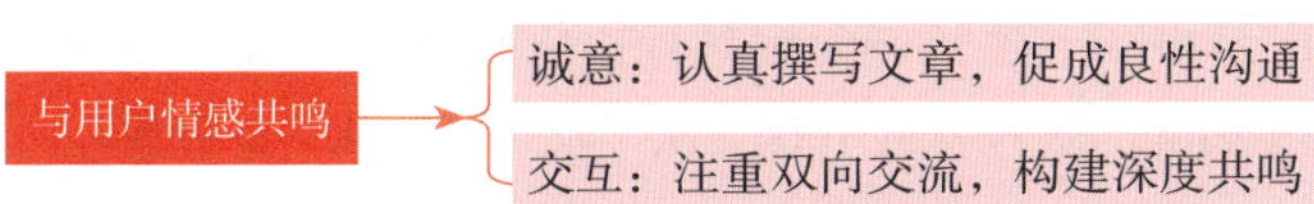

图8-10　与用户产生情感共鸣的方法

8.1.3　引导用户操作

引导用户操作指的其实是小红书中多个官方号，这些官方账号引导用户使用小红书上的多个功能，帮助用户更加深刻地了解小红书中的方方面面。

在小红书中，“薯队长”总览全局，教导用户该如何使用小红书 App，如如何发布笔记内容、如何使用官方模板等；而“穿搭薯”“美妆薯”“娱乐薯”等则根据所处领域，对相关的优质作品进行二次创作，从而引导用户创作出更为优秀的笔记内容；“薯管家”则会对小红书社区的内容进行规范，保证社区的良好环境。

图 8-11 所示为小红书中的一些官方账号。

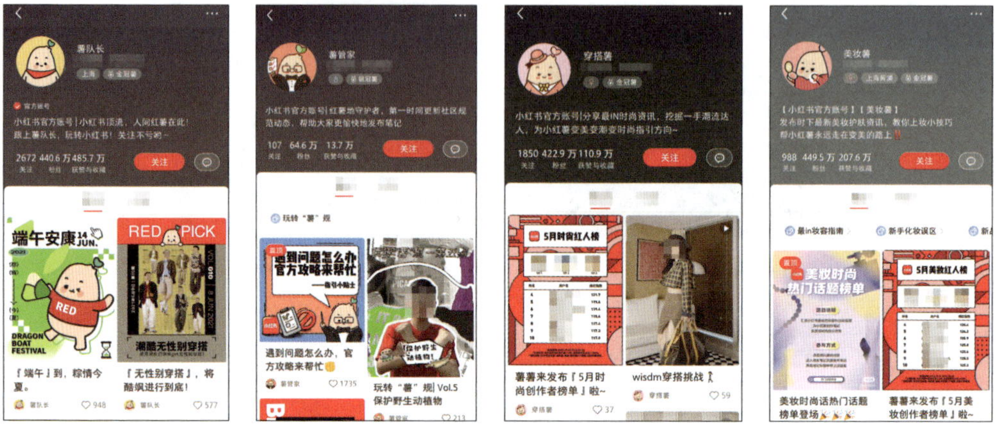

图8-11　小红书的一些官方账号

在这些官方账号的指引下，用户可以更轻松地创作小红书笔记，更好地进行账号运营，更严格地遵守社区规范。

此外，小红书的账号运营者一定要遵守社区规范，根据“薯管家”发布的相关细则来进行内容发布，保证让自己的笔记内容不“踩雷”。因为在小红书中，如果违反了社区规定，面对的可能是封号的惩罚。

8.1.4　设计激励机制

激励机制也是小红书社区一个相对有特色的规则，用户在小红书社区中发布图文笔记和视频 Vlog，账号就会升级，从“尿布薯”到“金冠薯”一共 10 个等级，每个等级都有相应不同的外表和名称显示。这种完备的用户成长体系大大激励了用户的创作热情，使得小红书社区更加繁荣。

★ 专 家 提 醒 ★

Vlog 全称 video blog 或者 video log，意为视频博客，强调时效性，指用户用视频的形式“写”个人日志并上传到网络与其他用户分享。

小红书还激励用户发布视频笔记，在用户账号升级的具体任务中，会有发布视频笔记的任务，而且与图文笔记相比，视频笔记在账号升级中占有更高的权重。例如，如果用户想要成为“金冠薯”，需要发布 800 篇优质图文笔记，但是视频笔记的话，只需要发布 18 篇优质视频笔记。

8.1.5　优质内容引导

在小红书中，官方账号会介绍如何创作出优质笔记，小红书的账号运营者可以根据官方账号的提示来发布优质笔记。

图 8-12 所示为小红书官方账号“薯队长”引导用户创作优质笔记。

图8-12　引导用户创作优质笔记

“薯队长”每个月都会对小红书社区的优质笔记和“踩雷”笔记进行汇总，制成总结类的视频笔记或者图文笔记，用户通过查看和阅读这些笔记，就可以知道该如何创作出符合小红书社区调性的优质笔记了。

笔者将小红书社区优质笔记的标准总结为 4 点，如图 8-13 所示。

- 高颜值 → 小红书是一个以图片、视频输出为主的平台，因此，热门笔记的图片、视频一定是高颜值、能够吸引更多年轻女性用户的
- 高整合 → 小红书社区还十分注重笔记内容的丰富性，许多 PGC 会发布整合类的内容，如“× × 套夏季穿搭”等
- 强种草 → 小红书社区是一个线上电商平台，鼓励用户在笔记中为他人种草好用商品，实现有效带货
- 高话题度 → 小红书社区还会围绕不同的节日和社会热点，策划不同的话题，从而吸引用户创作带有“话题度”的笔记内容

图8-13　小红书社区优质笔记的标准

★ 专家提醒 ★

需要注意的是，关于小红书笔记图片的颜值，我们可以从图片色彩上做文章，对于年轻的女性用户来说，她们更喜欢色彩强烈和能给人带来强烈视觉冲击力的图片，或者是色彩淡雅，能让人身心愉悦的图片。

因此，当小红书的账号运营者在撰写小红书笔记的时候，不妨从优质笔记内容中寻找灵感，创作出更加被用户喜爱并乐意分享的笔记。

8.1.6 构建 KOL 矩阵

什么是 KOL？这个问题在前文中已有介绍，KOL 指的是关键意见领袖。在小红书社区中，KOL 是主要内容输出者，通过发布笔记内容，向用户“种草”安利商品，从而帮助品牌方，也帮助自己实现流量变现。

在长期的发展中，小红书社区的 KOL 矩阵已经成为其最为显著的特点，KOL 与 KOC 共同向用户安利商品，分享购物心得，“拔草”难用的产品，使得小红书社区空前繁荣。

一般来说，小红书社区的 KOL 分为 3 部分，一是以明星为主的头部 KOL 矩阵；二是以网红大号为主的腰部 KOL 矩阵，三是为数众多的尾部 KOL 矩阵。这些 KOL 共同构成小红书社区的 KOL 矩阵，在小红书营销中发挥着重要的作用，如图 8-14 所示。

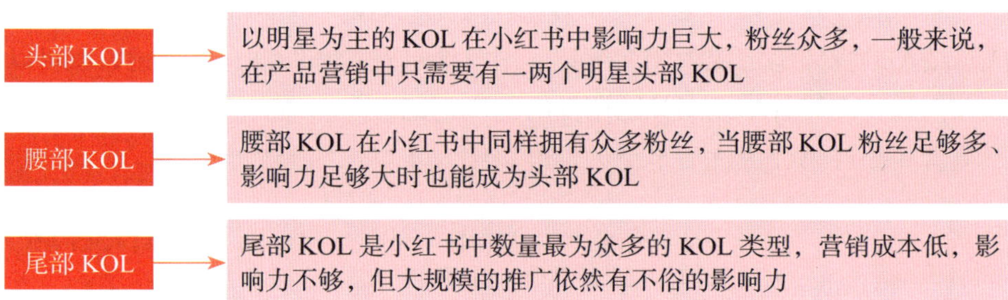

图8-14 小红书社区的KOL矩阵

那么，如果想在小红书中进行产品营销，商家该如何构建自己的 KOL 矩阵呢？根据 Great KOL 的研究结果，理想的内容营销 KOL 矩阵需要 1 ～ 2 个头部明星 KOL、50 ～ 100 个腰部 KOL 与 300 个尾部 KOL 共同发力，实现大规模的深度营销，极大程度地实现商品推广。

一般来说，在小红书社区利用 KOL 矩阵实现产品的营销推广采用图 8-15 所示的模式。

头部 KOL 推广内容，提高曝光和话题度

↓

腰部 KOL 推广效用，对产品进行扩散

↓

尾部 KOL 实现用户带用户的共创氛围

图8-15　KOL矩阵实现产品营销

8.2 创作题材：常见的 5 种笔记内容类型

通常来说，小红书社区的用户更爱收藏的笔记类型是合集整理类的笔记，这种类型的笔记内容更加丰富，对用户来说会更具有实用价值与参考价值。

对于小红书账号的运营者和内容创作者来说，如果在一篇笔记中只分享单个产品，很容易被小红书平台误判成推广广告，稍有不慎就会被平台警告甚至封号。因此，创作者发布合集整理类的笔记会更加保险。

本节将向大家介绍小红书社区中常见的 5 种合集整理类的笔记内容类型。

8.2.1 干货型内容

干货型的内容就是在笔记中告知用户某种知识，或者让他们在你的笔记中学会某个技巧。干货类型的笔记内容可看性较其他类型的内容会更强一点，内容上也会更有价值，用户都乐意收藏这类笔记。

一般来说，干货型的笔记内容主要有 3 个方面的内容，在满足用户阅读兴趣的同时又传授了相关知识，如图 8-16 所示。

塑造价值 → 这里的价值不仅指笔记的内容，也指创作者，告知用户创作者的权威性和内容的真实性

告知重要性 → 告知用户这篇笔记内容或者做某件事的重要性，如为什么要学会某种穿搭技巧、为什么要关注你的小红书账号

帮助达成目的 → 根据用户需求，创作出能帮助用户达成某种目的的内容，如去黑头的方法、瘦身的方法等

图8-16　干货型笔记的3个主要内容

图 8-17 所示为小红书 KOL 发布的干货型笔记内容，获得了众多用户的青睐。

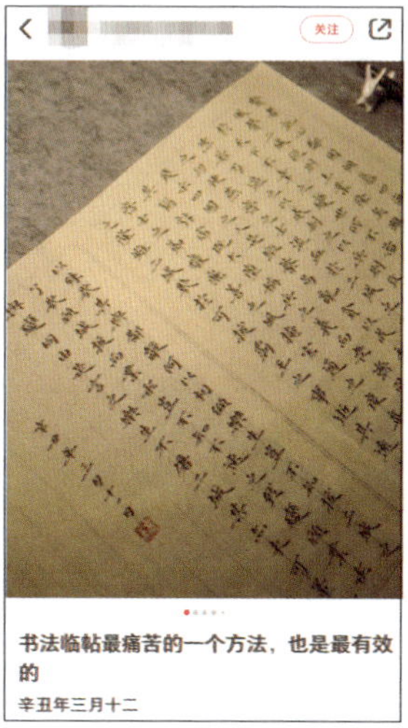

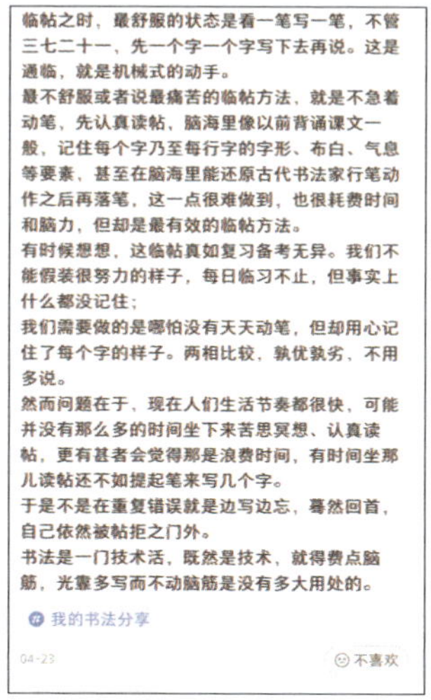

图8-17　干货型笔记内容

可以看到，在这篇干货型的笔记中，创作者与用户分享书法临帖的方法，先展示自己的作品，再用长段的文字分享技巧，有许多用户表示通过这篇笔记，学到了更多书法技巧。

8.2.2　测评型内容

测评型内容是小红书中涵盖内容最为广泛的笔记内容之一，KOL 通过小红书社区，向用户展示测评某件或某类商品的结果，商品可以是口红、粉底液等美妆产品，也可以是手机、电脑等电子产品，还可以是包包、裙子等服装产品，更可以是笔、本子等文具产品。

可以说，只要是市面上能够买到的商品，都可以对其进行测评。图 8-18 所示为小红书社区的测评型笔记内容。

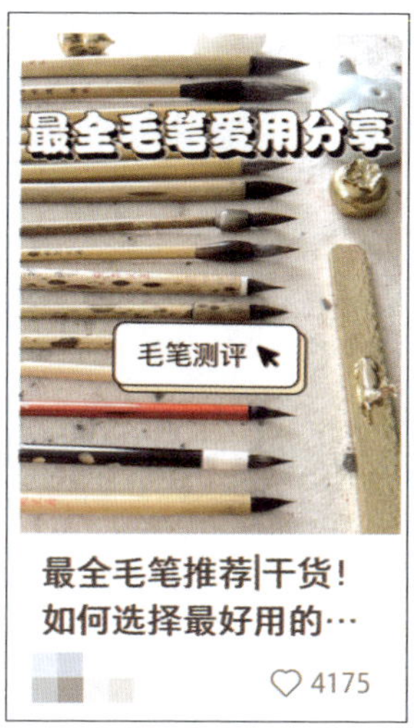

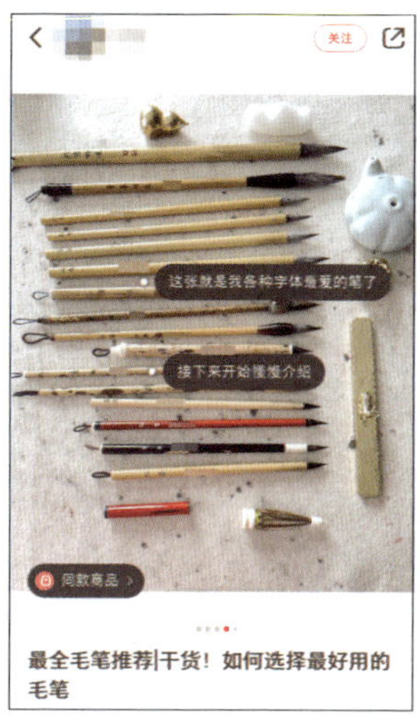

图8-18　测评型笔记内容

可以看到，KOL 在小红书笔记的首图与内容图中都加入了标签，极大地扩大了笔记的曝光度。此外，KOL 测评了许多毛笔，并从中挑选出好用的几支安利给其他用户，还在笔记中添加了商品购买链接。

★ 专家提醒 ★

需要注意的是，测评型的笔记内容有两种主要类型，一种是测评许多产品并从中挑出好的；另一种是测评少量的产品，详细地为用户介绍其使用感受，让用户自行“种草”或者“排雷”。

不过，在测评少量的产品时，创作者需要把产品的优劣、成分、使用感受、产品效果、使用的注意事项等内容尽可能完整地介绍给用户，让他们自己判断是否适合这一产品，以决定是否要去购买。

8.2.3 数量型内容

相比其他类型的笔记内容，数量型的笔记内容会更容易撰写发布，因为这种类型的笔记中往往会出现十几甚至几十款不同类型的产品，加上小红书笔记篇幅有限，所以，对于某些产品，创作者往往只需要花费几句话介绍一下即可。

一般来说，数量型笔记内容介绍的都是不同品牌的同类型产品，通过横向对比，向用户客观介绍产品。需要注意的是，这种类型的笔记最好能在标题或者首图中点明产品数量多，吸引用户来观看你的笔记。

图 8-19 所示为小红书社区数量型的笔记内容。

可以看到，在这篇小红书笔记中，KOL 总结了各大品牌的口红热门色号，而且并没有给每一支口红进行详细的介绍，仅仅用极其简单的文字带过，说明色号而已，这种类型的笔记内容往往需要用户自行选择。

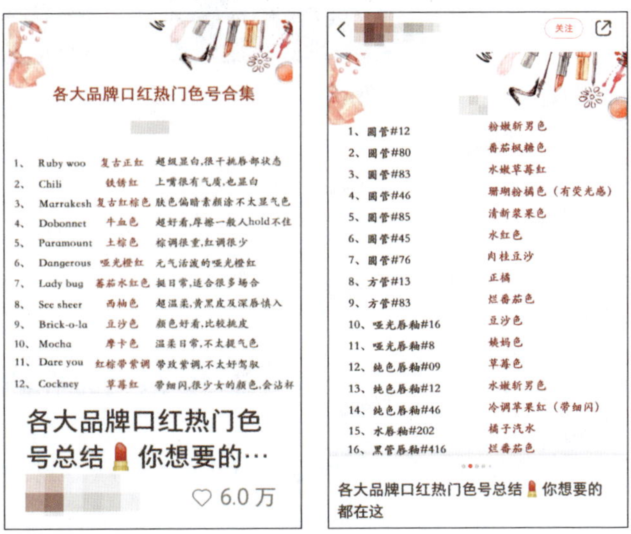

图8-19　数量型笔记内容

8.2.4 系统型内容

系统型内容又称流程型内容，指的是KOL向用户介绍某一事情的具体流程，并在这一流程中推荐商品。例如，在手绘教程中介绍好用的颜料、笔和纸等。这种类型的笔记内容可以更加清楚明白地向用户展示每件商品的用处，更加直观地介绍产品的优点。

KOL通过系统型的笔记类型，将某件事情的整体流程拆解为一个个小步骤，更能吸引对其感兴趣的用户的关注。

图8-20所示为小红书社区的系统型笔记内容。

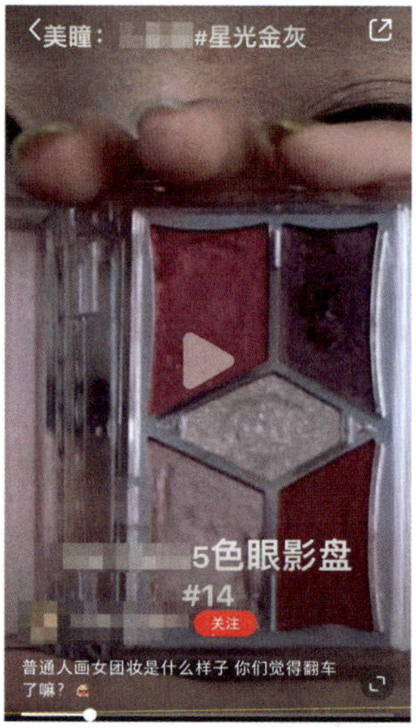

图8-20 系统型笔记内容

可以看到，在这个系统型笔记内容中，KOL采用视频的形式向用户介绍“女团妆”的化法，并在化妆的过程中推广介绍美瞳、腮红、眼影盘等美妆产品。这些产品都是化妆中用到的，使得KOL的宣传推广更加自然。

8.3 创作技巧：写出小红书爆款热门笔记

在发布小红书笔记和运营小红书账号时，我们常常会遇到一个问题：到底怎么写才能打造出小红书的爆款热门笔记？笔者认为，学会一些实用技巧，从图片和文字这两个维度来创作小红书笔记是十分有必要的。

8.3.1　内容的核心，在于有没有价值

小红书种草笔记的价值，是指用户在看完你的笔记之后，是否能从中学到某种知识，或者学会某个技巧等，主要在于他们在你的笔记中是否有收获，只有这样的笔记才能让用户心甘情愿地点赞和收藏，甚至关注你的小红书账号。因此，在运营小红书账号的过程中，运营者与创作者要做的就是让用户了解你的价值，在不经意间被你的笔记“种草”。

那么，该如何让自己的笔记更有价值？下面，笔者将为大家进行详细介绍。

（1）口碑营销

口碑，指的是群众对某件事情、某个商品、某个人等的称赞，放在小红书的账号运营中，口碑就是指用户对小红书笔记交口称赞，并愿意与他人分享。一个好的口碑，影响着小红书 KOL 的后续发展及流量变现。

图 8-21 所示为 KOL 与用户分享生活，提升用户对其的信任度，从而打造出良好的口碑。

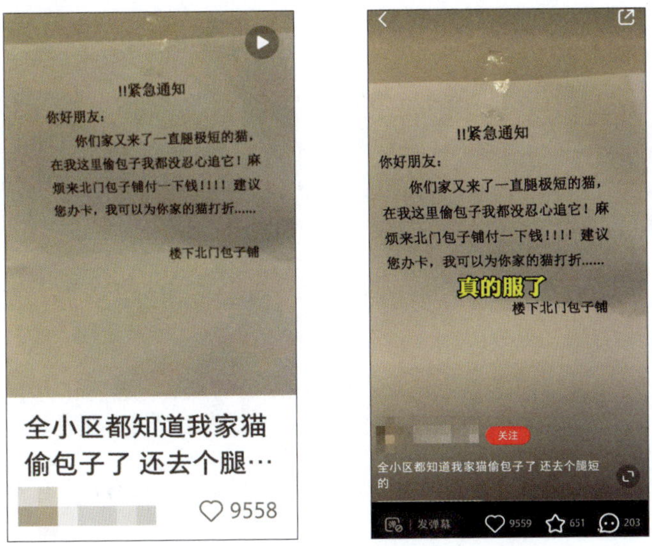

图8-21　分享生活，打造良好口碑哦

★ 专 家 提 醒 ★

小红书作为一个社区型的线上电商平台，用户自发在其中分享购物体验等，将生活的美好展示给用户看。这种情况下，经常与用户分享生活的 KOL 发布的营销广告更容易被用户信任和接受。

（2）内容塑造

小红书笔记的内容塑造包括图片或视频、标题及正文这 3 个部分，图片中最为重要的是首图的打造，如果笔记是以内容的形式展现，则需要重点关注封面图片的设置。

从小红书笔记的图片上来说，最好采用生活化的场景，添加适当的花字、贴图装饰，色彩干净，能给人带来美的享受。

从小红书笔记的标题上来看，标题一定要吸睛，将用户痛点、产品好处等作为切入点，撰写出吸睛的标题文案。但需要注意的是，在笔记的标题中，最好不要直接添加产品名称，这样一来会让你的小红书笔记看上去像硬广告，容易被官方警告。

从小红书笔记的正文内容来看，如果是在进行产品推广，那么正文内容最好真情实感，添加自己真实的使用体验，以情动人，让用户真情实感地被你的产品种草。

笔者将小红书笔记的正文内容撰写时需要具备的因素总结为 5 点，如图 8-22 所示，供大家参考。

主角人设	创作者可以在小红书笔记中点明自己的身份，如是一个学生党、上班族等
主角困难	阐述自己遇到的困难，这个困难最好是能通过使用产品而解决的，如推广腮红时可以说自己面对气色不好的困难
主角痛点	点明困难为主角带来的生活上的麻烦与困扰，如因为气色不好所以显老
产品好处	着重阐述产品解决了主角的困难与麻烦，以及其为主角带来的好处，如使用腮红后气色好了很多、人也显得年轻等
未来价值	产品使用后给主角带来的实质性的好处，还有自己在未来的生活中为什么依然会使用它等

图8-22　正文内容需要具备的5点要素

★ 专家提醒 ★

当然，这并不是要求小红书的运营者在撰写小红书笔记内容时强制性具备这 5 点要素，通过这 5 点要素，可以帮助运营者对于笔记的正文内容创作有一个大致的思路，并更加轻松地撰写出一篇好的、有价值的营销类小红书笔记。

（3）其他内容

为了使自己的小红书笔记更加具备营销价值，运营者在创作小红书笔记的时候，可以在笔记中添加各种有效的信息，如话题、地址和标签等内容。

从话题上来看，为小红书笔记添加一个与商品主题相关的话题可以大大提高笔记的曝光度。

从地点上来看，为小红书笔记添加地点的方式更适合探店、旅游等方面的笔记，在这种小红书笔记中加上地点，能够让当地或者对该地方感兴趣的用户看到你的笔记，从而扩大笔记的影响。

从标签上来看，在每张图片中加入与之相关的几个关键标签，能够使得这些标签成为用户搜索小红书笔记时的关键词，大大提高笔记的被搜索概率。

图 8-23 所示为 KOL 在小红书笔记中添加地点与话题。

图8-23　在笔记中添加地点和话题

8.3.2　传递干货的内容图片更受欢迎

诚然，在小红书笔记中，图片的美观性是十分重要的，但过于精心地钻研图片美观性容易让运营者陷入一种“审美偏差”的误区。这种误区主要表现在运营者精心制作的图片并不一定是用户想要看到的图片，花费大把时间做出来的图甚至可能难以被用户注意到。

因此，必须弄清楚什么样的图片才是用户想看到的图片。通常来说，用户更喜欢能给自己带来实际利益的图片，而这种图片往往是传递干货的内容图片，能为用户传达足够的信息。

例如，在这位网红 KOL 发布的小红书笔记中，她并没有将封面图片制作得多么精美，而是采用简单的方式，在首图中添加少量的文字介绍，向用户传递干货内容，获得了许多粉丝的青睐，如图 8-24 所示。

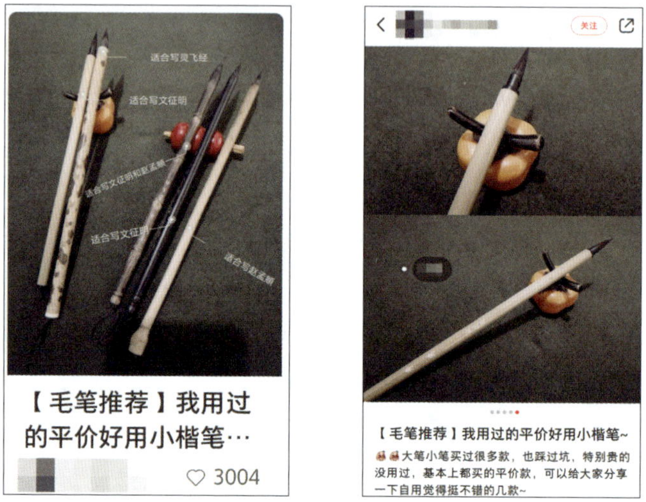

图8-24　传递干货内容的图片

★ 专 家 提 醒 ★

这位向用户推荐好用毛笔的 KOL 直接在首图中向用户传递干货内容，介绍写不同字体好用的毛笔，简单的形式却能带来绝佳的推广效果。

8.3.3　正文要分段，让用户读起来更轻松

虽然小红书社区的内容输出是以图片的形式为主，但正文内容同样在内容输出中占据重要地位。在正文文案中，需要点明笔记内容的关键词，既要承接标题，又要介绍图片内容，更要告诉用户产品的好处。

当然，在撰写正文内容时，小红书笔记的创作者要将自己代入到产品的使用者身上，用“我”的视角来为用户介绍好用的产品。

在撰写正文的时候，创作者一定要注意分段，如果没有分段，大片大片的文字很容易劝退用户，甚至让他们产生视觉疲劳。

那么，在小红书笔记的正文中，该如何合理地进行分段？笔者认为，可以根据在上文中提到的正文内容的 5 个要素，从主角人设、主角困难、主角痛点、产品好处和未来价值这 5 个方面来进行分段。

因此，创作者在撰写小红书笔记的正文内容时，要有条理地对内容进行合理分段，让用户更能接受你的文章内容，合理分段带来更好的阅读体验。图 8-25 所示为小红书中 KOL 对笔记正文进行合理分段。

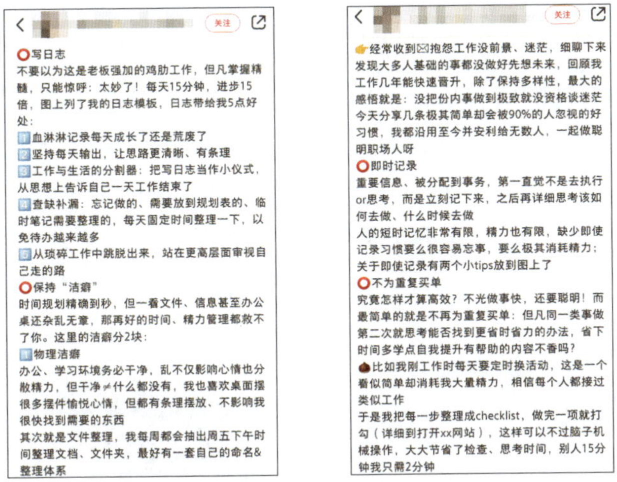

图8-25　对笔记正文进行分段

通过对笔记正文内容进行分段，KOL 条理清晰地向用户展示了她要表达的主要内容，让用户对她发布的笔记更加信服，还能快速找到自己需要的重点文字。

图 8-26 所示为 KOL 向用户推广产品，通过正文分段从“我”的角度出发，详细介绍了产品的用法及好处。每句话都分成一段，让用户感受到 KOL 急切分享好物的心情，更容易被她的情绪感染。

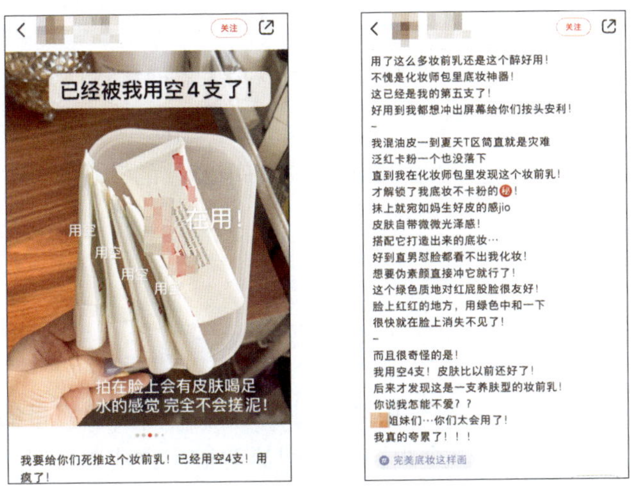

图8-26　KOL推广产品

这就告诉我们，在对小红书笔记正文进行分段时，可以根据每个要点来进行分段，也可以一句话一段，让用户感受到你发现好用产品的激动心情，大大增加用户对你笔记的信任度。

8.3.4 内容一定要具备干货性和学习性

干货性和学习性的内容是指用户能在你的小红书笔记中学到知识或者技能，一般来说，这样的笔记内容更具备实用性和可读性。只要你的小红书笔记能满足用户的某种学习需求，那么他们一定愿意关注你的笔记。

图 8-27 所示为 KOL 发布的干货性和学习性笔记，受到众多用户的关注。

图8-27　KOL发布干货性和学习性的笔记

可以看到，这篇小红书笔记中的 KOL 通过教用户画眉毛，用干货性的笔记内容吸引更多用户，并在这样的内容中加入好用产品的宣传推广，从而使得产品营销更为成功。现在这篇小红书笔记已有 4.2 万点赞，可以说是一篇十分成功的干货性和学习性的笔记。

8.3.5 全渠道联动引流高效链接消费者

不管是品牌方还是小红书的 KOL，他们进行营销的最终目的都是影响终端消费者，使其产生购买行为。全渠道联动引流的推广方式是一种十分契合当前互联网背景，能真正对用户产生种草效应，使他们转变为消费者，并对其购物习惯产生深刻影响的营销推广方式。

那么，为什么要全渠道联动引流？又该如何全渠道联动引流链接消费者呢？下面将对这两个问题进行详细介绍。

（1）电商平台增加，用户线上购物全渠道化

在互联网背景之下，线上购物平台众多，用户的购物也从线下实体店逐渐向线上电商平台转移，这种情况下，用户被互联网上多种信息影响购买行为的概率增加，因此，全渠道联动引流，能够在实质上影响用户的购买行为。

（2）全渠道推广带来品牌变现

具体来说，商家或者品牌方积极进行全渠道推广的主要价值在于增加销售额、消费者数量、单人购买量等。全渠道推广带来的不仅仅是营销推广渠道的增加，更有品牌影响力的大幅度提升。

（3）全渠道推广带来营销方式变革

在全渠道推广的背景下，商家对于产品的营销推广不再是单独地在某一平台大力推广，而是变成了“广撒网”的形式，积极与明星 KOL 合作，多平台、多渠道地推广，力图打响品牌名声。

所以，如何进行全渠道推广？笔者认为，商家要进行全渠道推广，首先要进行用户画像，然后选择合适的平台与合作 KOL 进行推广。图 8-28 所示为某品牌与网红 KOL 合作在小红书社区进行营销推广。

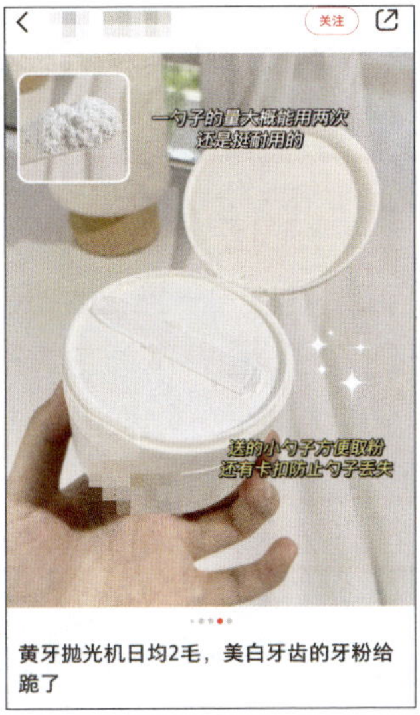

图8-28　在小红书进行营销推广

第 9 章

好物分享：通过爆款内容把好物卖出去

学前提示

商家和网红 KOL 在小红书社区进行种草的最终目的就是为了带货，如果不学会一些适当的营销技巧，打造出爆款内容，怎么能有效提高产品销量？本章为大家介绍了在小红书社区带货的一些实用方法，帮助大家把好物卖出去。

要点展示

※ 分享路径：铺量→种草转化→品牌曝光

※ 内容运营：开辟一篇全新的流量蓝海

9.1 分享路径：铺量→种草转化→品牌曝光

小红书社区拥有超 1 亿月活的用户，其中绝大部分是年轻女性用户，因此，商家在小红书平台进行商品种草，打造出爆款网红产品的概率比其他平台大。在小红书打造爆款产品的步骤大致是如下：先铺量，再种草转化，最后实现品牌曝光，这样产品不仅成为了爆款，品牌的知名度也大大提高了。

9.1.1 海量素人：快速打入消费者内部

不管是在什么平台，也不管是营销什么产品，铺量都是其营销推广的第一步，用数量多、价格低形成刷屏的现象，让用户对你的产品“眼熟”。小红书社区最为显著的特点就是数量庞大的 KOC 与 KOL 共同分享购物体验。

尤其是 KOC，这些用户数量庞大，虽然每位 KOC 拥有的粉丝数量并不如网红明星多，但大量 KOC 聚合在一起，其粉丝数量就十分可观了，能够爆发出巨大的能量。因此，在小红书平台进行产品营销的前期铺量，能够快速打入消费者内部。

图 9-1 所示为小红书 KOC 宣传产品，用真实的体验为粉丝种草。

图9-1　KOC宣传产品

需要注意的是，铺量的小红书笔记比较难带来产品转化，并且这一阶段的 KOC 多是粉丝数量在 1000 左右的素人，其营销推广成本低，能用很小的成本将产品的宣传扩大化，让更多用户知道你的产品。

既然铺量的作用如此巨大，那么商家该如何找到海量素人呢？笔者认为，可以在微信小程序中搜索“通告”，在各个发布通告的平台中发布自己的产品宣传需求，这样就能快速找到为商品铺量的海量素人了，如图 9-2 所示。

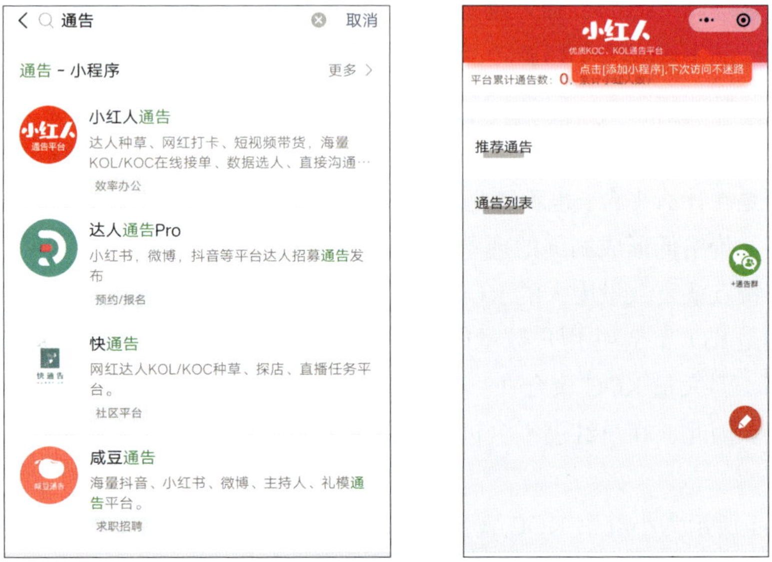

图9-2　微信小程序的“通告”

★ 专 家 提 醒 ★

寻找素人 KOC 营销推广产品一定要量大，大量的素人 KOC 为你的产品发声，同时推广一件产品，就算不能让产品成为爆款网红产品，也一定能让用户对你的产品记忆深刻。

9.1.2　腰部达人：质量更高粉丝更多

小红书社区的博主按照粉丝量及影响力可以分为尾部 KOC、腰部 KOL 和头部 KOL。其中尾部 KOC 数量最多，影响力有限，适合商品推广的前期铺量，打响知名度。腰部 KOL 粉丝数量较多，虽然比不上头部 KOL，但影响力也很巨大。

那么，多少粉丝算是腰部 KOL 呢？其实这没有一个准确的定义，笔者认为，可以将粉丝数量为 5000 ～ 100000 的博主称为腰部 KOL，如果是专注某一领域的博主，垂直性特别强的 KOL，100000 粉丝就可以算头部 KOL 了。

与尾部 KOC，也就是素人博主不同的是，如果商家想要找腰部 KOL 进行营销推广，是需要花钱的。为什么要花钱？因为腰部 KOL 粉丝数量多，且通常他们笔记的图文质量高，商品种草的成功率也会更高一点。

而且，商品的营销推广到腰部 KOL 这一阶段，就能真正带来流量转化，帮助实现商品的快速变现。

图 9-3 所示为小红书的腰部 KOL 成为品牌合作人之后进行商品推广。

图9-3　腰部KOL推广产品

那么，商家该如何找到腰部 KOL 进行产品推广呢？笔者认为，主要有两种方式，如图 9-4 所示。

图9-4　如何寻找腰部KOL

需要注意的是，在小红书社区不是互关的好友每天只能私信 5 个用户，因此，商家需要认真甄选合作的腰部 KOL。至于 MCN 机构，他们手握大量的腰部 KOL 资源，且笔记质量更有保证，不用担心腰部 KOL 拿钱不办事情况的发生，能够有效解决商家的后顾之忧。

★专家提醒★

MCN 的全称是 Multi-Channel Network，指多频道网络，是一种全新的网红经济运作模式。在这一模式下，机构将众多网红及其他内容生产者联合起来，保证内容的持续有效输出，从而实现流量的转化。

这种全新的商业模式是互联网背景下的产物，能提供信息价值、效率价值这两大类的内容。

9.1.3 头部达人：快速打响品牌的名气

在小红书社区，头部 KOL 主要是入驻明星及粉丝数量巨大的网红，他们不仅在小红书上拥有大量粉丝，在各大社交媒体上同样影响力巨大。这些头部 KOL 依托自身的知名度实现了原始资本的积累，还能在自己数量庞大的粉丝群体中快速建立起品牌意识，不管是产品“种草”还是“拔草”，都能在粉丝中取得显著成效。

因此，如果商家想与头部 KOL 达成合作，让头部 KOL 帮助商家进行产品推广，就能在很短的时间为快速打响品牌名号。不过需要注意的是，头部 KOL 营销推广的成本较高，一般一个品牌找到一个头部 KOL 进行宣传即可。至于资金有限的中小型企业，完全可以忽略头部 KOL 这一宣传渠道，将目光聚焦在腰部和尾部 KOL 身上，同样能实现产品的有效推广。

图 9-5 所示为小红书社区的头部 KOL 进行品牌的营销推广。可以看到，这位 KOL 拥有大量的粉丝，进行推广的产品也是“大牌”。

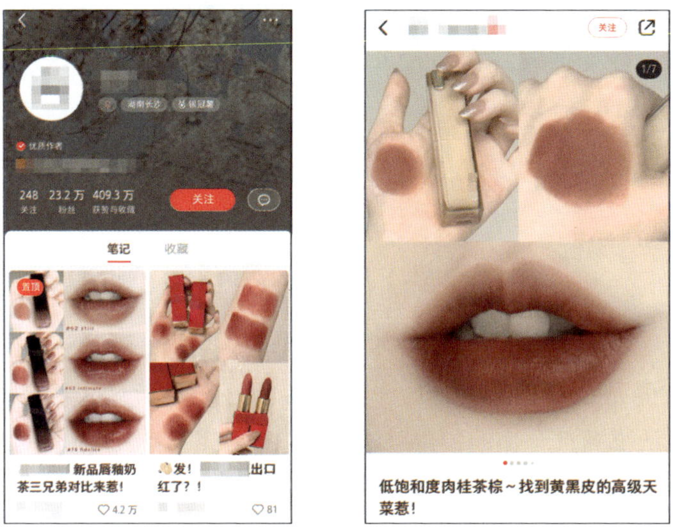

图9-5 头部KOL推广产品

需要注意的是，虽然头部 KOL 在小红书拥有大量粉丝且影响力巨大，但这并不是说他们创作的笔记就一定能成为爆款。小红书社区拥有与其他媒体大不相同的推荐机制，每个人都有可能创作出爆款笔记。

所以，资金有限的商家可以将目光聚集到有潜力的尾部 KOL 和腰部 KOL 身上，他们创作出的笔记质量高且精美，同样有成为爆款的可能。

但并不是说完全不能和头部 KOL 合作，头部 KOL 拥有众多粉丝，就算创作的笔记没有成为爆款，同样能在用户心中对你的品牌产品留下一个深刻的印象。此外，头部 KOL 并不是仅在小红书上拥有大量粉丝，他们在其他社交媒体上的粉丝数量同样可观，我们看准的就是头部 KOL 在各大社交媒体上的大量粉丝。

图 9-6 所示为小红书上的某位头部 KOL，可以看到，他在小红书上的粉丝达到了 102.6 万，在微博上的粉丝数量为 287 万。

图9-6　头部KOL的大量粉丝

那么，商家该如何与头部 KOL 进行合作呢？一般来说，头部 KOL 都拥有一个成熟的运行机制，与公司进行了签约或者自己拥有了工作室，此时品牌方需要与其经纪人进行联系。此外，还有些头部 KOL 会在社交媒体上标注商业合作的联系方式，如图 9-7 所示。

图9-7　头部KOL标注商业合作的联系方式

★ 专家提醒 ★

需要注意的是，头部 KOL 合作的门槛高，为了自己的口碑，他们对自身发布内容的保护度往往会更高，因此，头部 KOL 更愿意与大品牌合作。

9.2 内容运营：开辟一片全新的流量蓝海

在互联网背景下，社区电商与内容电商崛起，网红 KOL 层出不穷，如果在自己发布的图文视频中没有一个好的内容，那么就很难起到有效的产品营销作用。因此，KOL 需要对发布内容进行运营，让用户牢牢地记住你推广产品的卖点，从而开辟出一片全新的流量蓝海。

此外，小红书平台主打真实，用真实的购物体验与好物分享来打动用户，因此，在这一平台合理种草商品非但不会引起用户反感，还能为品牌带来可观的利润。

9.2.1 好物推荐：做用户超爱看的内容

在小红书社区，如何才能让用户被你发布的笔记种草，从而愿意下单购买产品呢？笔者认为，不妨去做用户喜欢看的内容，让他们首先被你的笔记吸引，然后再去购买产品。

图 9-8 所示为小红书 KOL 种草产品，许多用户被其种草。

图9-8　小红书KOL种草产品

可以看到，该 KOL 种草的产品属于价格昂贵的护肤产品，虽然价格昂贵，但是 KOL 通过用户爱看的测评方式，让不少用户都愿意下单购买。

如今，用户的消费需求不断升级，因此，KOL 的内容形态也需要随之不断升级，用户的目光正在从以往的注重价格向注重品质转移，沉浸式的种草体验、真实感的使用体验会吸引更多用户。所以，KOL 不妨多发布这样的笔记内容，让用户通过你的笔记中对产品有一个直观的认识。

那么，KOL 如何生产用户爱看的内容？

笔者认为，KOL 应该深耕自己所处的领域，垂直化生产高质量内容，在内容输出形式上做好优化，最后在长期的内容输出中形成个人特色，吸引更多用户的关注。图 9-9 所示就是一位小红书 KOL 发布的笔记内容，在长期的内容输出中，形成了强烈的个人特色，受到广泛关注。

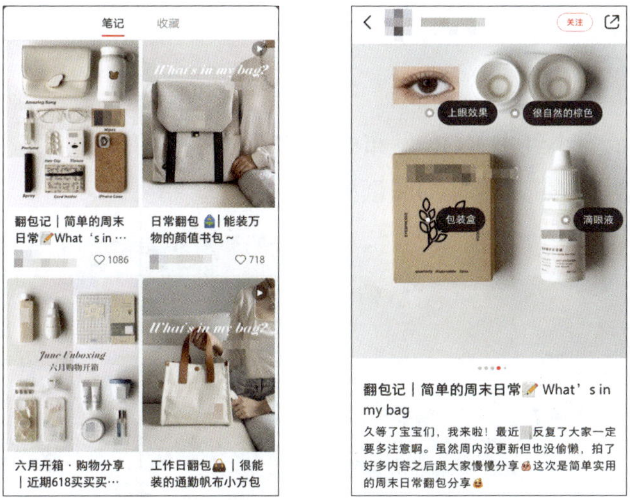

图9-9　形成个人特色的小红书KOL

可以看到，同样是种草产品，这位 KOL 并没有千篇一律地在视频中介绍产品好处，而是结合个人特色，用个性化的内容吸引用户眼球。

★ 专家提醒 ★

用户喜欢看的内容往往是新奇的、个性化的、别人难以复刻模仿的内容，这类笔记内容能给他们带来全新的视觉体验，搭配上小红书社区真实化、多元化的社区氛围，能让种草效果事半功倍。

此外，用户还喜欢看能给自己带来实际利益的内容，如干货分享类笔记；或者是视觉体验好、制作精良的笔记。

图 9-10 所示为小红书 KOL 发布的干货分享类笔记，受到众多用户的喜爱。

图9-10　干货分享类笔记

图 9-11 所示为小红书 KOL 发布的视觉效果良好的笔记，其精美的图片内容和文字排版，给用户带来绝佳的阅读感受。

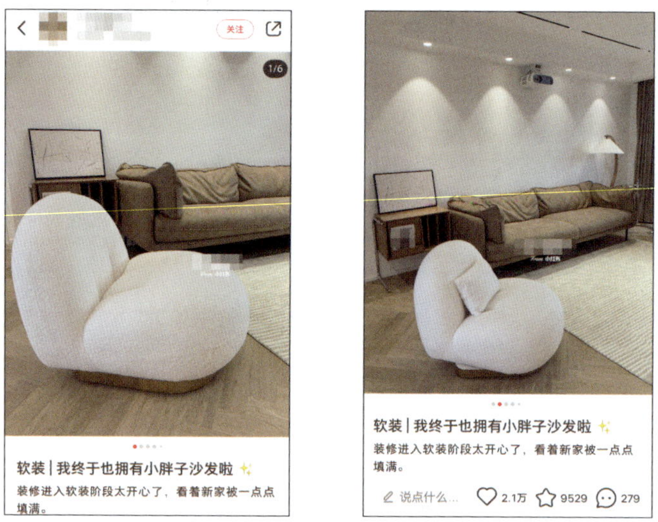

图9-11　视觉效果良好的小红书笔记

此外，内容垂直化的小红书笔记也更容易受到用户的青睐，这种内容吸引到的用户大多是对该领域感兴趣的用户，他们更愿意为自己的兴趣爱好买单，也不会太计较好物的价格。

9.2.2　内容策划：产品定位与 IP 的匹配

打造 IP 是当今互联网时代产品营销推广的必经之路，商家通过 IP 打响品牌知名度，从而打造出私域流量，并借此开展更多营销活动，实现流量的有效变现。

★ 专 家 提 醒 ★

IP 的全称是 Intellectual Property，指“知识产权”，在互联网中可以理解为所有成名文创作品，这些成名的文创作品依托自身魅力，在各大平台获取流量进而发布更多内容。可以说 IP 就是一款能为其版权所有者带来效益的产品。

那么，商家该如何打造 IP？笔者认为，打造 IP 的第一步，就是要明确定位。这里的定位不仅仅有产品定位，还有 IP 的定位。产品的定位是根据产品客观存在的各种特性而明确的，IP 定位则是人们根据附加在产品上的情感等主观添加的。

例如，“万宝龙”钢笔的产品定位是书写工具，却又因为其昂贵的价格及精湛的工艺，IP 的定位就变成了“高感受的诉求象征”和优质生活的体现，受到不少成功人士的追捧，如图 9-12 所示。

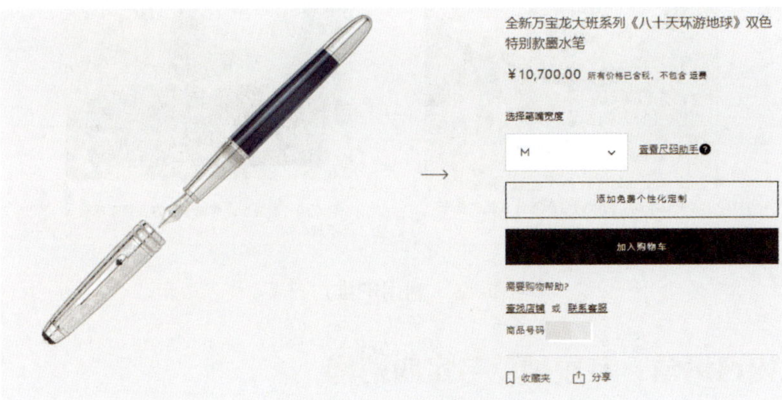

图9-12　**万宝龙钢笔**

因此，不难理解 IP 定位在产品营销中的巨大作用，IP 赋予产品的情感价值，往往更能打动消费者，不需要更多的话题性就能让用户牢牢记住你的产品。真正好的 IP，甚至不需要太多的热度都能自然存在。

这就告诉广大的商家企业，在塑造品牌 IP 的时候，可以根据产品的特性、品牌故事等方面的内容，打造出一个与其相呼应的 IP 故事，进而将这一 IP 故事分发给用户，让用户对你的产品有更多的理解。

那么，该如何打造 IP 故事？

小红书社区是一个开放式的共享交流平台，每天都有众多的 KOL 与 KOC 在其中分享生活，种草商品，其内容多元化、真实化与人格化，其中更能吸引用户的往往是真实化的内容。因此，在打造 IP 故事的时候，KOL 或者商家要多注意其内容的真实性与人格性，让用户们知道你是真正在用这个商品。

接下来，就是要开始打造 IP 了，有一种快捷的方式就是根据现有的 IP，来将产品精准匹配适合的 IP，例如，某产品根据产品的特色，匹配到了中国传统文化这一 IP，借用多个 KOL 的宣传，取得了巨大成功。

图 9-13 所示为 KOL 在小红书上推广该产品，就运用到了中国传统文化这一大 IP，吸引了众多用户的目光。

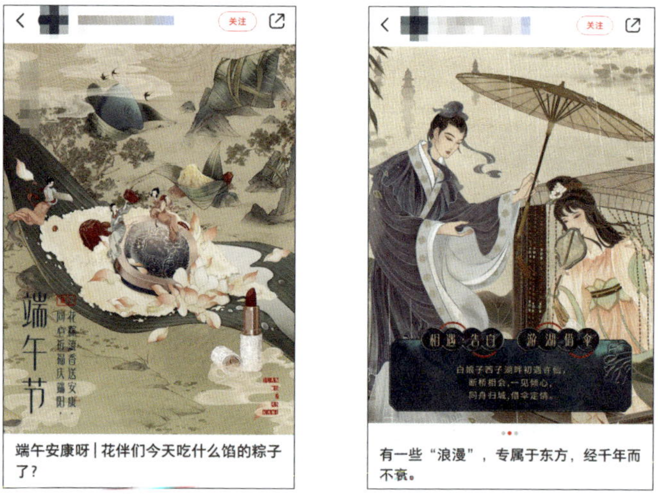

图9-13　利用IP推广产品

9.2.3　内容运营：专家种草与定向销售

小红书社区的笔记按照内容输出形式可以分为图文笔记和视频笔记，按照笔记内容可以分为生活分享和好物种草，按照发布者的粉丝体量可分为素人笔记和 KOL 笔记。在小红书笔记的内容运营中，以专家种草与定向销售的成果更为显著，能够快速吸引大批量用户的关注，为产品销售发力，让用户愿意下单购买产品，从而实现流量的有效变现。

图 9-14 所示为某专家在小红书社区向用户种草产品，有不少用户对其表示信服。

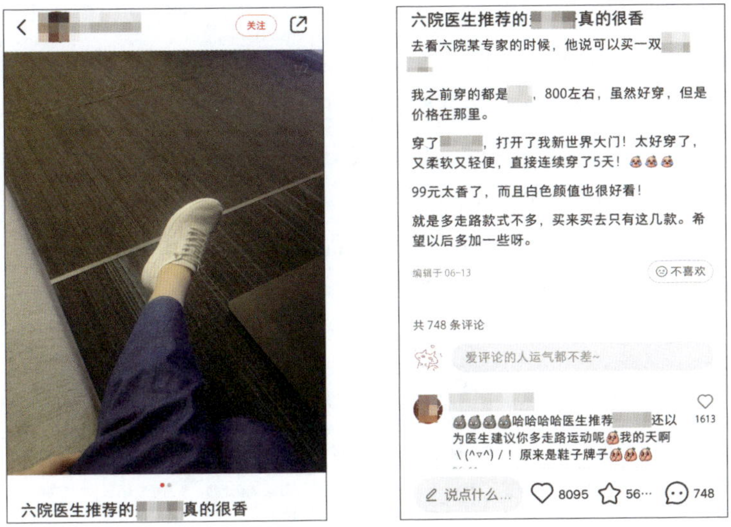

图9-14　专家种草

一般来说，在小红书社区纯情感类或者纯鸡汤类的笔记是很难上热门得到用户青睐的，只有能给用户带来某种好处的干货类文章，如教授某种技巧，种草或拔草某产品等的内容才容易受到用户的青睐。

在干货类的小红书笔记中，专家种草类的笔记更受欢迎。通常，这种笔记的知识性较强，用通俗易懂的语言阐述专业性强的内容，更易吸引粉丝，如图 9-15 所示。

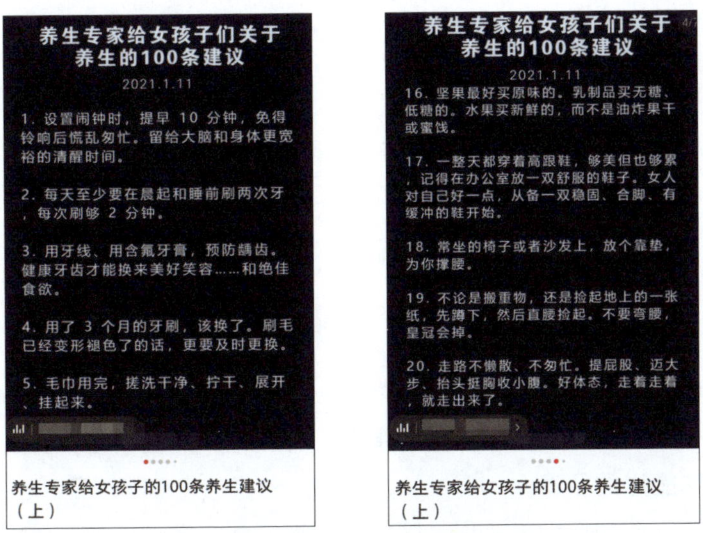

图9-15　通俗语言阐述专业性强的内容

定向销售，顾名思义，是指商家或者网红 KOL 根据产品效用来找到适用人群，并为他们推销产品。例如，要想推广一款美白产品，就要根据其功效找到其目标用户，如皮肤不够白的用户，并针对他们进行推广营销。

这种明确用户需求、精准定位目标用户的销售方式能够大大提高营销推广效率，使得营销工作变得更为简单。

图 9-16 所示为小红书的 KOL 根据产品功效精准定位目标人群并为其推广产品，定向销售起到事半功倍的营销效果。

图9-16　KOL定向销售产品

★ 专家提醒 ★

需要注意的是，定向销售这种营销推广方式需要在推广之前了解产品的相关信息，如功效、成分等，使得产品广告能够更为精准地投放到目标人群手中，大大提高营销工作的效率。

9.2.4　品牌推广：联动霸屏与 KOL 推荐

商家在小红书社区做好内容运营之后，还需要学会品牌推广，打响品牌名号，发挥出小红书社区的种草优势，同时带动品牌其他产品的销售，打造出一个让用户信赖且耳熟能详的品牌。

那么，商家该如何做来实现品牌的有效推广呢？笔者认为，可以从联动霸屏与 KOL 推荐这两个方面来讲。

（1）联动霸屏

联动霸屏，顾名思义就是大范围地宣传产品，让产品的推广“随处可见”，达到霸屏的目的。对于用户来说，他们会更愿意购买高频出现的产品，高频率出现在用户视野中的产品能够影响用户的购物决策。

因此，商家在进行品牌推广时，可以与多个网红 KOL 合作，利用尾部 KOC 与腰部 KOL 的力量，达到霸屏级的推广效果，吸引众多 KOL 形成一种特殊的 UGC 氛围，这样能够使得自身品牌形成裂变式的传播。

图 9-17 所示为众多 KOL 共同宣传某品牌，霸屏式的宣传吸引了众多用户的目光，从而打响了品牌名号。

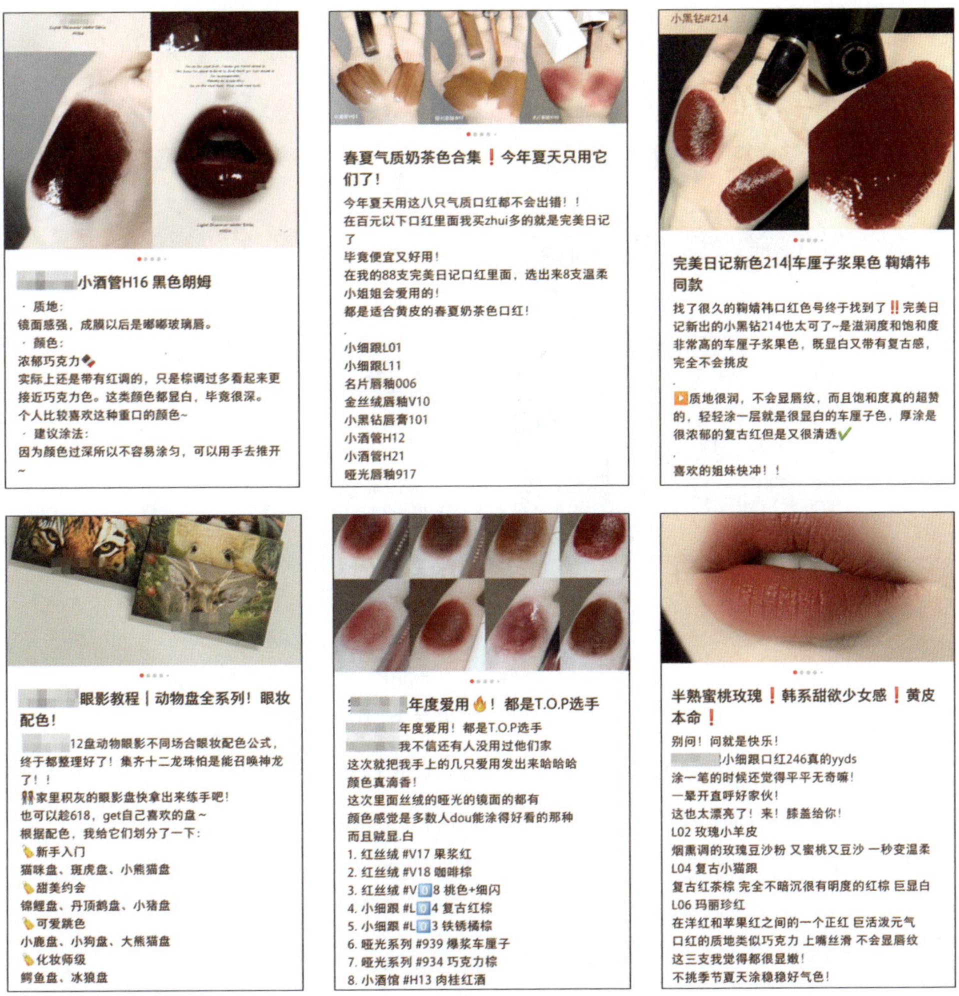

图9-17　众多KOL共同宣传某品牌

实现联动霸屏让用户对你的品牌记忆深刻之后，再把其中能为用户带来实际价值的内容筛选出来，使得品牌营销更具效用。

（2）KOL 推荐

一般来说，用户会对自己关注的网红 KOL 产生认同感，会对他们说的某句话表示认同，从而更加信任 KOL 推荐的商品。小红书社区的 KOL 推荐笔记，按照笔记内容可以分为明星 KOL 爆款推荐和网红种草测评，其中网红种草测评更能收获用户的信任和认同。

因此，商家借助网红 KOL 推荐商品不仅能够大幅度提高自身产品的曝光度，获得大量的流量，还能在海量的宣传中获得用户的认同感，实现流量向销量的有效转化。

图 9-18 所示为品牌借助网红 KOL 推荐产品，获得用户的一致认同，产品销量十分高。

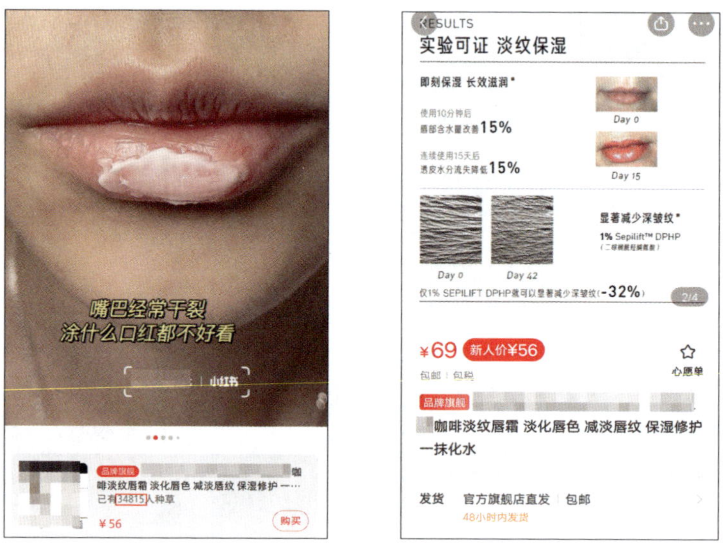

图9-18　KOL推荐产品

可以看到，网红 KOL 在小红书中本来就具有很大的话语权，粉丝众多，大家都愿意相信并购买她推荐的产品，粉丝认同网红 KOL 对于产品的理解，觉得网红 KOL 推荐的产品是靠谱的，如此一来，就形成了“网红 KOL 推荐→粉丝种草→下单购买”的粉丝经济闭环。

红人种草测评也是一种很好的品牌推广方式，并且这种类型的笔记往往更能收获小红书用户的信赖。在种草测评笔记中，网红 KOL 会详细向用户列出产品的方方面面，用户在评论区进行交流，在社交中加深用户对于网红 KOL 的认同感。

图 9-19 所示为小红书 KOL 发布的种草测评类笔记，引起许多用户的讨论。

图9-19　种草测评笔记

相对其他类型的笔记来说，种草测评类笔记的成本低，仅需要商家或 KOL 维护好笔记内容和评论区，避免出现不和谐的声音，即可实现品牌的自发传播；而且这种笔记更能获得用户的信任感，有助于建立品牌的良好口碑。

9.2.5　注意事项：有两大原则需注意

为什么同样是在小红书社区做产品和品牌的推广，有的商家的营销效果特别好，有的却效果一般呢？是不是在小红书进行营销推广还需要注意一些事项？

确实，在小红书社区平台上，商家要想做好产品和品牌推广，还需要注意两大原则。

（1）重视官方扶持

重视官方扶持是指商家要和小红书社区进行绑定，这个绑定最好是强绑定。官方的扶持能给商家带来更多的流量倾斜和曝光渠道，有的还会给予免费的广告位，因此，官方扶持的重要性自然是不言而喻。

MCN 机构一般会与小红书平台达成一个资源置换的合作，MCN 机构提供小红书平台需要的新鲜内容、网红 KOL 等；小红书平台则为 MCN 机构提供免费的广告位、线上线下的曝光渠道等。

商家和 MCN 机构重视小红书平台的扶持，实际上是一种双赢的选择。

（2）重视数据分析

这个数据分析不仅仅是对广告投放之后的数据复盘，更是对合作 KOL 及平台分析，通过对数据流量、用户关注度、投放时段、KOL 数据等进行分析，及时调整广告投放策略，让自己产品的营销推广更有成效。

9.2.6 避免误区：操作误区该怎么解决

在小红书平台进行产品的营销推广，还需要重视其中的一些操作误区，避免出现“无效种草”的困局。

首先，最容易出现的误区就是小红书笔记内容没有吸引力，且实用性不足。面对这种局面，商家可以使自己的小红书账号更加人格化，增加用户的真实感，拉近与用户的距离；发布干货型的内容，让自己的笔记更具价值。

商家还可以适当举办一些营销活动，这样做既可以提高产品内容曝光的概率，还能加强用户与品牌、商家企业之间的亲密度。

对于产品的售后问题，商家要与用户时刻保持紧密联系，根据用户的消费意见和产品反馈改进自己的产品，提高用户信任度与好感度。

此外，商家还可以偶尔举办抽奖活动、线下活动等，建立利益关系，拉近与用户之间的距离。